2등을 기록하는 역사책

2등을 기록하는 역사책

초판 1쇄 발행 | 2012년 6월 10일
초판 5쇄 발행 | 2019년 11월 15일

지은이 | 이향안
그린이 | 신민재
펴낸이 | 조미현

책임편집 | 황정원
편집진행 | 조은실
디자인 | 디자인 나비

펴낸곳 | (주)현암사
등록 | 1951년 12월 24일 · 제10-126호
주소 | 04029 서울시 마포구 서교동 481-12
전화 | 365-5051 · 팩스 | 313-2729
전자우편 | child@hyeonamsa.com
홈페이지 | www.hyeonamsa.com
페이스북 | http://facebook.com/hyeonami
블로그 | blog.naver.com/hyeonamsa
트위터 | http://twitter.com/hyeonami

ⓒ 이향안, 신민재 2012

ISBN 978-89-323-7323-2   73990

* 이 도서의 국립중앙도서관 출판시도서목록(CIP)은 e-CIP 홈페이지(http://www.nl.go.kr/ecip)와
  국가자료공동목록시스템(http://www.nl.go.kr/kolisnet)에서 이용하실 수 있습니다.
  (CIP제어번호: CIP2012002480)
* 이 책은 저작권법에 따라 보호받는 저작물이므로 저작권자와 출판사의 허락 없이
  이 책의 내용을 복제하거나 다른 용도로 쓸 수 없습니다.
* 지은이와 협의하여 인지를 생략합니다.
* 책값은 뒤표지에 있습니다. 잘못된 책은 바꾸어 드립니다.
* 현암주니어는 (주)현암사의 아동 브랜드입니다.

| 제품명 도서 | 제조년월 2019년 11월 | 제조국명 대한민국 | 사용연령 8세 이상 |
제조자명 (주)현암사 | 전화 02-365-5051 | 주소 서울시 마포구 동교로12안길 35
주의 책 모서리에 부딪히거나 종이에 베이지 않도록 주의해 주세요.
KC 마크는 이 제품이 공동안전기준에 적합하였음을 의미합니다.

2등을 기록하는 역사책

이향안 글 • 신민재 그림

현암
주니어

차례

지은이의 말 6

메리 시콜,
진정한 백의의 천사 8

원균
그도 나라를 위해 목숨을 바친 조선의 충신이었다 20

파니 멘델스존
동생의 그늘에 가려진 비운의 음악가 32

엘리사 그레이
최초의 전화기 발명가는 벨이 아니다 44

안토니오 살리에르
그는 모차르트를 죽이지 않았다 56

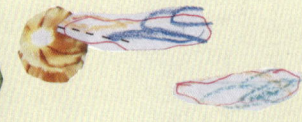

리제 마이트너
오토 한에게 빼앗긴 노벨상　**68**

남승룡
손기정의 금메달에 가려진 동메달　**80**

삼국유사
빛나는 2등　**92**

영국 왕 조지 6세
형의 명성에 가려진 위대한 왕　**102**

힐러리일까, 맬러리일까?
영원한 미스터리로 남은
세계 최초 에베레스트 등반 산악인　**114**

참고문헌　**126**

지은이의 말

언제부턴가 우리는 1등이란 낱말에 지나치게 예민해지기 시작했어요. 최고, 금메달, 최고봉, 1위! '1등만 기억하는 더러운 세상'이란 우스갯소리까지 생겨났지요. 신문이나 잡지, 인터넷 기사는 온통 1등에 대한 이야기로 덮이고 있어요. 서점에 나온 대부분의 책들도 '최고'로 불리는 사람들의 이야기로 가득 찼지요.

그런데 이 책 속에 등장하는 인물이나 사연은 1등이 아니랍니다. 이러저러한 이유로 그 능력이나 가치를 제대로 평가받지 못했던 사람이나 사연에 대한 이야기거든요.

어떤 이는 평생 1등의 그늘에 가려져 살았어요. 또 어떤 이는 큰 권력의 힘에 밀려 1등의 자리를 놓쳐 버렸어요. 아슬아슬하게 1등을 놓치고 만 안타까운 사연도 있지요. 때론 자신이 1등을 능가하는 실력을 가졌다는 사실조차 모르고 사라진

이도 있고, 아직껏 가려지지 못한 1등과 2등도 있어요. 반면 새롭게 조명되면서 1등보다 더 뛰어난 사람이나 자료로 재평가받은 사연도 있고, 2등이란 한계를 극복하고 스스로 우뚝 선 사람도 있지요. 그런데 이 책은 1등과 2등의 순위를 따지려고 만들어진 건 아니에요. 오히려 순위와 상관없이 그들의 삶과 사연을 돌아보며 '과연 1등이나 2등이라는 의미가 무엇일까?' 하고 생각해 보는 책이지요.

그들의 이야기를 읽어 가다 보면 세상을 살아가는 다양한 방법에 놀라게 될 거예요. 세상을 바라보는 다양한 생각과 시선을 만나게 되는 거랍니다. 그와 동시에 깊은 감동을 느끼며 그들의 아픔을 공감하게 될 거예요. 그러다가 문득 이런 의문을 갖게 될지도 몰라요.

나는 과연 어떤 삶을 살아야 할까?
내 꿈은 뭘까?
어떤 꿈을 가지고 어떤 방법으로 이루어 가야 할까?

이 책이 부디 우리 어린이들에게 미래의 꿈에 대해 깊이 생각해 보는 계기가 되어 주길 바랍니다.

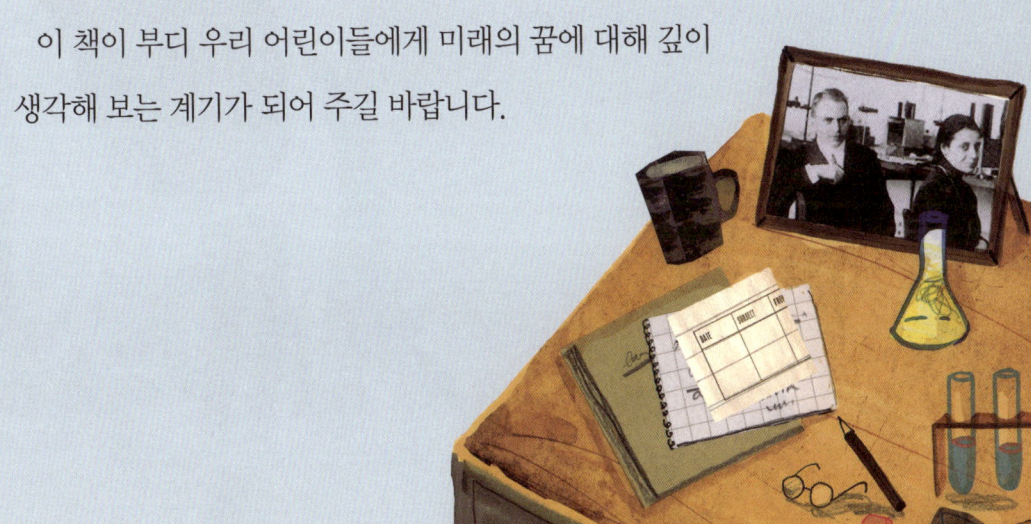

메리 시콜,
진정한 백의의 천사

메리 제인 시콜
(Mary Jane Seacole, 1805년~1881년 5월 14일)

자메이카 출신의 간호사예요.
어린 시절 어머니에게 배운 전통 치료법을
이용해서 간호소를 운영하던 중 크림 전쟁으로
의료인이 부족하다는 소식을 듣고
런던으로 건너갔어요.
하지만 식민지의 흑인이라는 이유로
거부당하자 최전방에 간호소를
차려서 병사들을 치료했어요.

사람들은 간호사를 '백의의 천사'라고 불러요. 하얀 간호복을 입고 환자를 돌보는 간호사들의 모습을 비유한 말이기도 하지만, 나이팅게일을 상징하는 말이기도 하지요.

나이팅게일은 간호사 양성의 기초를 만든 영국의 대표적인 간호사예요. 나이팅게일이 전 세계에서 유명해지며 '백의의 천사'라고 불리게 된 것은 크림 전쟁 당시 야전 병원에서 목숨을 걸고 병사들을 치료했기 때문이지요. 자칫 목숨을 잃을 수도 있는 전쟁터에서 두려움 없이 환자를 돌본 희생정신이 사람들을 감동시킨 거예요.

그런데 나이팅게일이란 이름에 가려진 진짜 '백의의 천사'가 있었다는 사실을 알고 있나요?

의료 도구나 구급약조차 없는 최전방에서 약초와 열정만으로 부상당한 병사들을 살려 낸 간호사 메리 시콜이 그 주인공이지요.

'검은 나이팅게일'이라고 불리는 메리 시콜은 누구일까요?

병사들의 어머니

"어머니, 이 약초로는 어떤 병을 고칠 수 있나요?"
"그건 상처가 났을 때 좋단다. 즙을 내서 바르면 금세 낫지."
"아하! 그럼 곰 인형 얼굴에 발라 줘야지. 곰 인형 얼굴에 상처가 났거든요."

자메이카의 한 시골 마을에 사는 소녀 메리는 매일 어머니 뒤를 졸졸 따라다녔어요. 약초에 대해 잘 아는 메리의 어머니는 병을 치료하는 민간요법을 재미있게 알려 주었거든요. 어머니에게 배운 치료법으로 하는 간호사 놀이는 메리의 가장 큰 즐거움이었어요. 다리가 부러지거나 얼굴이 긁힌 인형들을 눕혀 두고는 약초로 치료하는 시늉을 하며 놀았지요.

"난 환자를 치료하고 돌보는 간호사가 될 거야!"

어른이 된 메리는 결국 원하던 대로 간호사가 되었어요.

어느 날 무서운 소식이 전해졌어요.

"전쟁이 터졌대. 엄청나게 많은 병사들이 부상을 당했는데, 간호사가 부족해서 간호도 받지 못하고 죽어 간다지 뭐야."

자메이카는 당시 영국의 식민지였는데, 영국에서 터진 전쟁 소식이 메리가 있던 병원까지 전해진 거예요.

'병사들이 죽어 간다고? 좋아! 나도 영국으로 가서 병사들을 간호할 테야.'

메리는 당장 영국으로 건너갔어요. 그리고 정부 간호단에 지원했지요. 하지만 돌아온 답변이 기가 막히지 뭐예요.

"메리, 당신은 우리 간호단에 들어올 수 없어요."

이유는 단 한 가지였어요. 식민지 출신의 혼혈인이라는 것! 메리를 받아 주는 간호단은 단 한 곳도 없었어요.

"말도 안 돼! 간호사가 부족해서 병사들이 죽어 가는데도 받아 주질 않다니! 피부가 검으면 간호도 할 수 없단 말인가!"

메리는 절망했어요. 하지만 절망만 하고 있을 수는 없었어요. 죽어 가는 병사들의 신음 소리가 귓가에 들리는 듯했거든요.

"할 수 없지. 그럼 내가 직접 간호소를 차리고 병사들을 돌보겠어."

결국 메리는 아무도 가려고 하지 않는 최전방에 자신의 돈으로 간호소를 차렸어요. 메리의 간호소는 열악하기 그지없었어요. 간신히

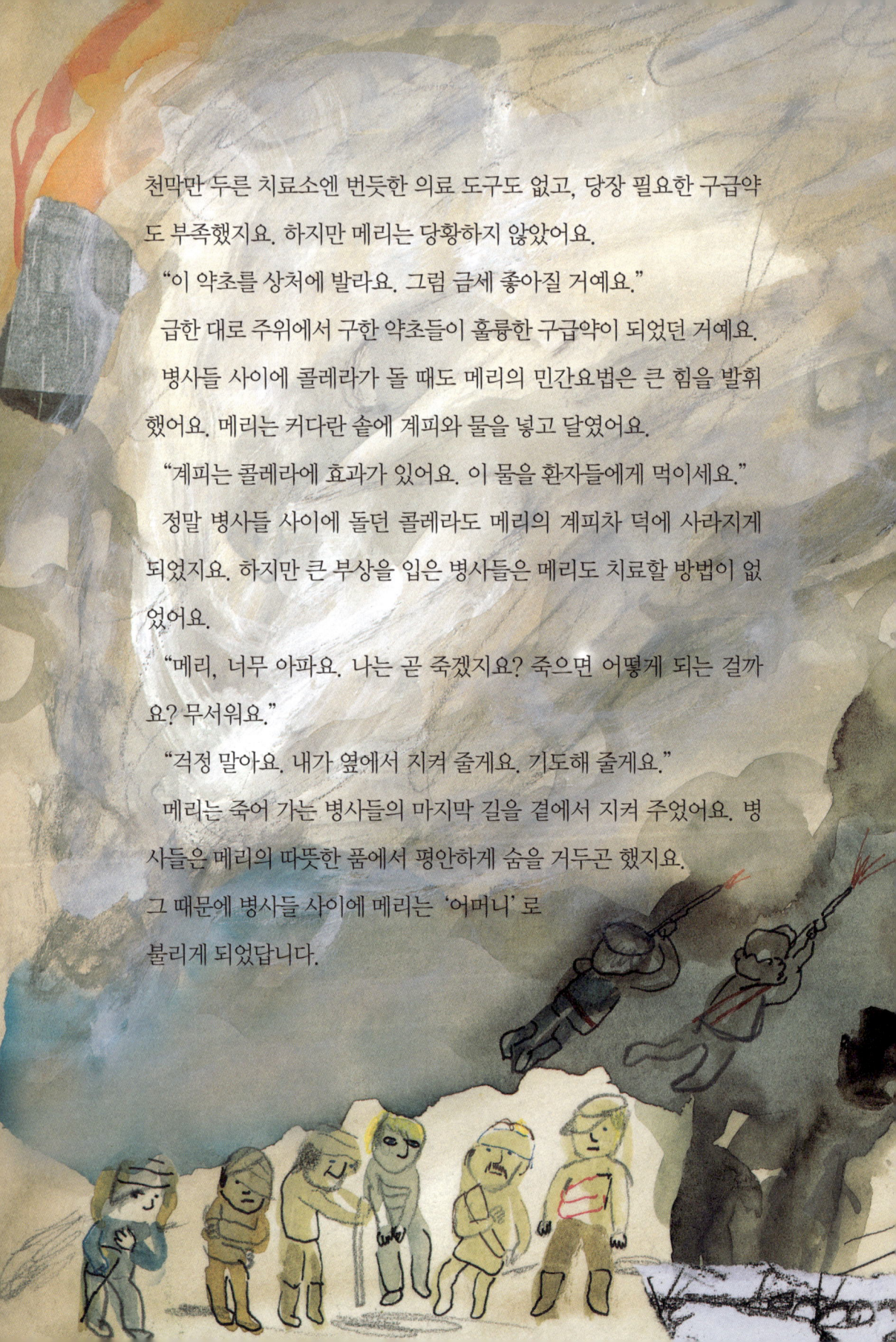

천막만 두른 치료소엔 번듯한 의료 도구도 없고, 당장 필요한 구급약도 부족했지요. 하지만 메리는 당황하지 않았어요.

"이 약초를 상처에 발라요. 그럼 금세 좋아질 거예요."

급한 대로 주위에서 구한 약초들이 훌륭한 구급약이 되었던 거예요.

병사들 사이에 콜레라가 돌 때도 메리의 민간요법은 큰 힘을 발휘했어요. 메리는 커다란 솥에 계피와 물을 넣고 달였어요.

"계피는 콜레라에 효과가 있어요. 이 물을 환자들에게 먹이세요."

정말 병사들 사이에 돌던 콜레라도 메리의 계피차 덕에 사라지게 되었지요. 하지만 큰 부상을 입은 병사들은 메리도 치료할 방법이 없었어요.

"메리, 너무 아파요. 나는 곧 죽겠지요? 죽으면 어떻게 되는 걸까요? 무서워요."

"걱정 말아요. 내가 옆에서 지켜 줄게요. 기도해 줄게요."

메리는 죽어 가는 병사들의 마지막 길을 곁에서 지켜 주었어요. 병사들은 메리의 따뜻한 품에서 평안하게 숨을 거두곤 했지요.

그 때문에 병사들 사이에 메리는 '어머니'로 불리게 되었답니다.

진정한 백의의 천사

크림 전쟁은 크림 반도와 흑해를 둘러싸고 벌어진 전쟁이에요. 이 전쟁은 플로렌스 나이팅게일이란 인물을 등장시킨 전쟁이지요.

나이팅게일의 등장은 역사적으로 큰 의미를 갖고 있어요. 나이팅게일의 활동으로 여성도 전쟁에 참여할 수 있게 되었고, 간호학이 발전하는 계기가 마련되었거든요.

사실 나이팅게일이라는 인물이 탄생한 데에는 영국 정부의 힘이 아주 컸어요. 당시 영국에는 영웅적인 간호사 이야기가 필요했어요. 영국에서는 간호사에 대한 이미지가 좋지 않았기 때문에 이미지를 바꾸어 줄 간호사가 필요했거든요. 헌신적인 봉사 정신을 가진 백인 간호사인 나이팅게일은 그에 꼭 맞는 인물이었던 거예요.

그런데 이런 과정에서 나이팅게일이라는 이름에 밀려 역사 속에

묻혀 버린 인물이 있었어요. 영국의 식민지인 자메이카 출신의 간호사 메리 제인 시콜이었지요. 메리는 백인 아버지와 흑인 어머니 사이에 태어난 혼혈인이었어요. 당시 사람들은 백인과 흑인 사이에서 태어난 혼혈인을 '물라토'라 부르며 업신여겼답니다.

메리는 어머니와 닮은 점이 많은 소녀였어요. 메리의 어머니는 전통 치료법으로 환자를 잘 돌보았는데, 메리도 그런 일에 관심이 많았지요. 어린 메리는 자연스럽게 어머니에게 전통 치료법을 배우게 되었고, 병원에서 환자를 돌보는 일을 하게 되었지요.

메리는 결혼도 어머니처럼 백인 남자와 했어요. 상인이었던 시콜과 1836년에 결혼을 했지요.

메리가 크림 전쟁 소식을 듣고 영국으로 건너간 건 그녀의 나이 48세 때의 일이었어요. 남편을 일찍 여의고 환자를 돌보는 일에만 전념하던 때였지요. 메리는 자신의 재산을 털어 전방으로 향했어요. 병사들을 죽일지언정, 식민지 물라토의 간호를 받게 할 수는 없다는 영국 정부의 지독한 인종차별 때문이었지요.

그런데 전방으로 가던 도중 메리는 운명적인 만남을 갖게 되었답니다. 당시 스쿠타리라는 지역에 있던 플로렌스 나이팅게일을 만나게 되었거든요. 당시 상황은 메리의 자서전인 『여러 나라에서 겪은 시콜 부인의 놀라운 모험들(1857년)』이란 책에 잘 기록되어 있어요.

전방으로 가던 메리는 하룻밤 잘 곳이 필요했어요. 그래서 나이팅게일의 간호단을 찾아가게 되었지요.

"무엇을 도와드릴까요? 제 힘으로 되는 일이면 무엇이든 도와드리겠습니다."

나이팅게일은 처음 본 메리를 친절하게 맞으며 하룻밤 재워 주었다고 해요. 비록 세탁부들이 자는 숙소에 마련된 허름한 침상이었지

만, 메리는 그곳에서 고단한 몸을 쉬어 갈 수 있었지요.

당시를 회상하며 메리는 자서전에 이렇게 적었어요.

나이팅게일은 간호사 복장을 한 자그마한 몸집에 온순하면서도 강인한 얼굴을 가진 여인이었다.

전쟁에 고통받는 병사들을 위해 자신의 삶을 아낌없이 헌신한 두 여인의 운명적인 만남이었던 거예요.

하지만 전쟁이 끝난 뒤 두 여인의 운명은 너무도 달랐어요. 나이팅게일은 세계적인 영웅, 역사 속의 위인이란 이름으로 기록되었어요. 반면 최전방의 환자들을 간호하며 자신의 전 재산을 써 버린 메리를 기다리는 건 혹독한 가난뿐이었지요. 영국 정부는 식민지 출신의 흑인 간호사는 영웅이 될 수 없다고 생각했으니까요.

영국의 한 잡지가 그녀를 돕기 위해 캠페인을 벌이기도 했고, '시콜기금'이 마련되기도 했지만 메리는 가난에서 벗어날 수 없었어요. 결국 1881년 메리는 뇌졸중으로 사망했고, 사람들의 기억에서 잊히게 되었지요. 그렇게 잊힌 메리를 다시 살려낸 건 한 장의 그림이었어요.

2005년 어느 날 영국의 한 액자 가게에서 이상한 초상화가 한 장 발견되었어요. 액자 속 다른 그림을 보호하는 밑 종이로 사용된 초상화였는데, 처음에는 아무도 그것이 메리의 초상화인지 몰랐어요.

하지만 가슴에 단 훈장 세 개를 통해 메리의 초상화라는 사실이 밝혀졌지요. 그 훈장은 전쟁에 참가했던 병사들의 도움으로 메리가 영국과 프랑스, 그리고 터키에서 받은 훈장이었거든요.

이 초상화를 통해 메리 시콜이라는 인물은 20세기 후반에 다시 등장하게 되었고, 그녀의 삶에 대한 재평가 노력이 시작되었어요. 그리고 어느 때부턴가 이런 말들이 그녀를 표현하는 수식어가 되었지요.

'나이팅게일이라는 이름에 가려져 제대로 평가받지 못했던 백의의 천사!

진정한 의미의 백의의 천사!

검은 나이팅게일!'

전 세계에 이름을 알린 위인들은 아주 많아요. 그런데 과연 진정한 의미의 위인이란 어떤 걸까요? 메리 시콜은 우리에게 이런 의문을 던져 주는 인물이랍니다. 역사 속에는 아무런 대가 없이 사랑과 봉사를 베풀었지만, 이름조차 알려지지 못한 채 사라져 간 인물들이 수없이 많을 테니까요.

크림 전쟁

1853년부터 1856년까지 러시아와 오스만투르크·영국·프랑스·프로이센·사르디니아 연합군이 크림 반도와 흑해를 둘러싸고 벌인 전쟁이에요. 크림 반도를 중심으로 벌어진 전쟁이었기 때문에 '크림 전쟁'이라고 부르게 되었지요.

이 전쟁을 통해 플로렌스 나이팅게일이 '백의의 천사'라는 이름을 갖게 되었답니다.

플로렌스 나이팅게일 (1820년 5월 12일~1910년 8월 13일)

영국의 간호사로, 크림 전쟁 당시 야전 병원에서 병사들을 간호한 일로 이름을 알리게 되었어요. '백의의 천사'로 불리며 의료 제도 개혁에 앞장선 인물로, 1860년에는 나이팅게일 간호사 양성소를 창설하여 각국의 모범이 되었어요. 간호법이나 간호사 양성의 기초를 세운 사람으로 인정받고 있지요.

국제적십자에서는 '나이팅게일상(賞)'을 마련하여 매년 세계 각국의 우수한 간호사를 표창하는데, '나이팅게일 선서'는 간호사의 좌우명으로 유명하지요.

원균

그도 나라를 위해 목숨을 바친 조선의 충신이었다

원균 (元均, 1540년~1597년)

조선 시대의 무신이에요. 임진왜란이 터지자
이순신과 함께 왜적을 무찔렀지요.
이순신이 파직되자, 수군통제사가 되어
조선 수군을 이끌었어요.
1597년 칠천량해전에서 왜군에 크게
패배하면서 전사하고 말았지요.

원균이라는 이름 앞에는 늘 이런 수식어가 붙어요. '이순신을 위험에 빠뜨린 나쁜 사람!'

이순신의 전기에 원균은 이순신을 모함해서 역경에 빠지게 만든 인물로만 그려지거든요.

그런데 원균도 우리 역사 속에서는 조선의 충신으로 기록된 장수랍니다. 임진왜란 당시 다른 장수들과 마찬가지로 나라를 위해 목숨을 바친 조선의 장수였으니까요.

사람들은 이순신 장군의 최후에 대해서는 잘 알고 있어요. '내 죽음을 적에게 알리지 말라!'라는 이순신의 말은 명언으로 남았지요.

하지만 원균의 최후에 대해서 아는 사람은 별로 없어요. 그저 임진왜란 당시 이순신 장군을 모함하다가 죽었다고만 생각하지요.

과연 원균의 최후는 어떤 모습이었을까요?

조선의 장수 원균! 그는 어떤 인물이었을까요?

원균의 최후

'나도 이순신만큼 훌륭한 장수가 될 수 있어. 언젠가는 내 능력을 보여 줄 날이 올 거야.'

원균은 이렇게 마음을 달래곤 했어요. 백성들로부터 절대적인 신뢰를 얻고 있는 이순신 장군과 비교되는 자신의 처지가 한심스러울 때가 많았거든요.

1592년에 임진왜란이 터지자 원균은 장수로 전쟁에 참가해서 열심히 싸웠어요. 하지만 싸움마다 승리를 거두는 이순신과 비교하면 너무도 초라한 전투 성적이 답답할 뿐이었어요.

그런데 드디어 원균에게도 기회가 왔어요. 1597년 정유재란 당시 쳐들어오는 왜군을 조선 수군이 앞장서 막아야 한다는 건의가 있었는데, 이순신이 이를 반대하여 출병을 거부하는 일이 생겼거든요. 이 일로 이순신은 수군통제사를 파직당하고 투옥되었어요.

"원균을 이순신의 후임으로 수군통제사에 임명하노라."

불호령 같은 어명이 떨어졌고, 원균에게는 수군통제사라는 막중한 임무가 주어졌어요.

"좋아! 이 한 몸 바쳐서라도 위기에 처한 이 나라를 구하리라!"

원균은 각오를 단단히 했어요.

하지만 전쟁 상황은 만만치가 않았어요.

"수군만으로는 왜군을 물리치기 힘들겠어. 육군과 연합 작전을 벌여야 해."

원균은 수군과 육군의 연합 작전을 계획했어요. 그런데 이 계획은 받아들여지지 않았어요. 일본을 몰아내는 일이 다급하다고 생각한 임금과 권율 장군이 원균에게 하루빨리 왜군과 싸우라는 명령을 내렸거든요. 작전도 세우지 못한 상태에서 원균은 수군을 이끌고 전쟁터로 나가게 된 거예요.

"그래도 죽을힘을 다해 싸우면 승리할 수 있을 거야."

원균은 전함을 거느리고 왜군을 향해 나아갔어요.

전투는 처음에는 조선 수군의 승리인 듯 보였어요. 조선의 전함은 왜군이 지키는 웅천과 안골포, 거제, 김해의 앞바다까지 거침없이 나아갔거든요.

"감히 조선의 수군을 얕보다니! 모두 물귀신으로 만들어 주겠다! 공격하라!"

원균이 이끄는 수군은 단숨에 부산 앞바다의 절영도까지 왜군을 쫓아갔어요. 하지만 왜군은 쉽사리 잡히질 않았지요. 잡힐 듯 말 듯 도망치는 왜군! 조선 수군이 쫓아가면 왜군은 달아나기 바빴어요.

원균은 문득 이상한 생각이 들었지요.

"이상해! 너무 적진 깊숙이 들어왔어. 혹시……."

사실 그것은 조선 수군을 지치게 하려는 왜군의 치밀한 작전이었거든요. 그제야 원균은 그 사실을 알아챘지요.

"이런! 적의 함정이다! 뱃머리를 돌려라! 후퇴하라!"

하지만 너무 늦은 깨달음이었어요. 수군의 힘이 빠진 걸 확인한 왜군은 이내 반격을 가했고, 조선 수군의 피해는 어마어마했어요.

"수군은 거의 전멸되었고, 배는 모두 불타 버렸어. 아, 이를 어쩐단 말인가!"

간신히 적을 피해 거제도 영등포 포구에 도착한 원균은 불바다가 되어 버린 전쟁터를 보며 눈물을 지었지요. 그러나 통탄의 눈물조차 맘껏 흘릴 수 없었답니다. 섬에서는 이미 왜군들이 원균을 기다리고 있었으니까요.

"조선의 장수 원균이다. 죽여라!"

원균을 향해 날아든 칼날!

결국 원균은 왜군의 손에 처참한 최후를 맞고 말았답니다.

충신에서 악인으로 전락한 조선의 장수

원균이란 인물은 우리에게 '이순신을 모함한 간신'의 이미지로 남아 있어요. 어린 시절부터 읽은 이순신 장군의 위인전에는 원균이 그런 인물로 그려져 있으니까요. 그래서 원균이 나라를 위해 공을 세운 선무공신 1등에 봉해졌다는 사실은 모른답니다.

임진왜란이 끝난 뒤 원균은 이순신, 권율과 함께 선무공신 1등으로 인정을 받았어요. 그 때문에 '숭록대부 의정부좌찬성 겸 판의금부사 원릉군'으로 추증(죽은 사람의 관직을 올려 주는 일)되기도 했지요.

한 나라의 1등 공신으로 인정받은 인물이라면 그에게도 그만한 업적이 있지 않았을까요?

사실 원균도 이순신처럼 어린 시절부터 용감한 장수가 되기를 꿈꾸던 소년이었어요. 열심히 무술 실력을 다진 덕에 스물여덟 살에는 무과에도 급제하여 꿈꾸던 무관이 될 수 있었지요.

"무관의 할 일은 백성을 지키는 일이야. 백성을 괴롭히는 오랑캐를 혼내 주겠어."

만호(조선 수군의 종 4품 무관직)라는 벼슬에 오른 원균은 당시 백성들을 괴롭히던 오랑캐를 토벌하는 큰 공까지 세웠답니다. 그 때문에 1592년에는 경상 우수사라는 자리에 올랐지요.

그런데 1592년 나라에 큰 전쟁(임진왜란)이 터졌어요. 왜군이 대군을 이끌고 쳐들어온 거예요. 원균에게는 박홍, 이순신, 이억기와 함께 조선 수군을 총괄하는 지휘가 맡겨졌어요.

"이놈의 왜군들! 우리 조선 수군의 실력을 보여 주마!"

원균은 이순신과 힘을 합쳐 왜군을 무찌르기 시작했지요. 옥포해전, 합포해전, 당포해전, 당황포해전, 율포해전, 부산포해전 등 많은 해전에서 원균은 이순신을 도와 승리를 이끌어 냈어요. 이순신과 원균은 힘을 모아 왜군과 싸운 전우였던 거예요.

그런데 왜 원균은 이순신의 전기에서 악역을 맡게 된 걸까요?

사실 원균과 이순신은 사이가 좋지 않았어요. 두 사람의 성격이 워낙 달랐기 때문이지요. 전투가 벌어지면 저돌적인 성격인 원균은 공격 위주의 작전을 펴고 싶어했어요. 반면 이순신은 신중한 성격이다 보니 두 사람 사이에는 늘 갈등이 빚어졌지요.

일본이 영남 지역을 침략했을 때에도 원균은 곧장 전쟁터로 달려갔어요. 반면 이순신은 부하들과 회의를 하고 치밀하게 작전을 세운 뒤에야 전쟁터로 출발했답니다. 그 때문에 20일이나 지난 뒤에 전쟁터로 향하게 되었지요. 이 일로 원균과 이순신은 서로에게 불만이 커졌고, 임진왜란 내내 갈등을 겪게 되었지요. 게다가 원균이 이순신보다 나이가 많고 경력도 위였지만, 이순신의 부하 장수가 된 터라 편한 사이가 되기 어려웠답니다.

사실 원균이 이순신보다는 능력이 부족한 장수임에는 틀림없었어요. 원균은 육지전에 능한 장수였기 때문에 해전에서는 여러 번 패할 수밖에 없었지요. 반면 이순신은 단 한 번도 패하지 않았어요. 원균은 늘 그런 이순신과 비교당해야 했고, 당연히 자존심에 상처를 입게 되었지요. 어쩌면 원균은 이순신에 대한 열등의식에 시달렸을지도 몰라요. 그리고 이런 특성을 가진 원균이라는 인물은 이순신에 관한 책을 쓰는 사람들에게는 더없이 좋은 소재가 되었을 거예요. 영웅 이순신의 업적을 빛내 줄 수 있는 악역으로 적역이었을 테니까요.

세상일은 어떤 시각에서 보느냐에 따라 조금씩 달라지기도 해요. 이순신의 입장에서 본다면 원균은 이순신을 괴롭힌 악역에 불과하지요. 하지만 우리나라 역사 속에서 살펴본다면 원균도 나라를 위해 싸우다가 목숨을 바친 조선의 충신이었답니다.
　그렇다면 원균에게도 기회를 주어야 하지 않을까요? 조선의 장수로서 제대로 조명되고, 정당하게 평가받을 수 있는 기회를 말이에요.

임진왜란
　1592년부터 1598년까지 2차에 걸친 일본의 침략으로 일어난 전쟁이에요. 제2차 전쟁은 정유재란이라고 하지요. 전쟁 당시 이순신 장군이 이끈 조선 수군은 열악한 환경에서도 왜군을 물리치며 전쟁을 끝내 승리로 이끌었답니다.

이순신 (1545년~1598년)
　조선 시대의 장군으로, 임진왜란 당시 왜군을 물리치는 데 큰 공을 세웠어요. 전쟁 중 지휘한 모든 전투에서 승리를 거둔 기록 때문에 세계 해군 역사에도 기록된 장수지요.
　이순신이 전쟁터에서 쓴 『난중일기』는 임진왜란을 연구하는 데 중요한 자료가 되고 있어요.

파니 멘델스존
동생의 그늘에 가려진 비운의 음악가

파니 멘델스존
(Fanny Mendelssohn,
1805년 11월 4일~1847년 5월 14일)

독일 출신의 피아니스트이자 작곡가예요.
작곡가 펠릭스 멘델스존의 누나이며,
피아노 소품, 가곡, 칸타타 등 약 500여 편에
이르는 작품을 작곡했어요.
펠릭스 멘델스존이 자기보다 피아노 연주 솜씨가
뛰어나다고 인정할 정도의 연주 실력과 재능을
가지고 있었어요.
파니 멘델스존의 작품들은 동생인
펠릭스 멘델스존과 유사하다는 평가를 받고 있어요.

'멘델스존'이라는 이름은 세계적인 음악가로 잘 알려져 있지요. 펠릭스 멘델스존은 초기 낭만파 시대의 작곡가로,「한여름 밤의 꿈」이라는 작품으로 이름을 알렸어요. 그런데 세계 음악사에 또 한 명의 멘델스존이 있었다는 사실을 알고 있나요?

파니 멘델스존! 바로 펠릭스 멘델스존의 누나랍니다.

파니 또한 펠릭스에 못지않은 천재적인 능력을 지닌 음악가였어요.

그런데 파니는 음악가로서 제대로 대접을 받지 못했어요. 그저 동생인 펠릭스 멘델스존의 누나로 기억될 뿐이었지요.

동생의 이름 속에서만 살아야 했던 파니 멘델스존, 그녀는 어떤 인물이었을까요?

첫 번째 청중

"펠릭스, 정말 훌륭한 곡이야. 굉장히 아름다워."

독일 소녀 파니는 손뼉까지 치며 남동생인 펠릭스를 칭찬했어요. 펠릭스는 정말 멋진 연주곡을 작곡해 냈거든요.

"고마워, 누나. 이제 누나가 작곡한 곡을 연주할 차례야. 어서 시작해 봐. 이번엔 내가 들어 줄게."

칭찬을 받아서 기분이 좋아진 펠릭스는 파니를 위해 피아노를 내주었어요.

"아마 너보다는 못할 거야. 그래도 흉보지 마."

파니는 쑥스러운 표정으로 피아노 앞에 앉았지요.

천재적인 음악 재능을 타고난 남매 파니와 펠릭스는 유대인이었어요. 독일에서는 유대인에 대한 박해가 있던 터라 남매는 안전을 위해 집 안에 갇혀 생활해야 했어요. 파니와 펠릭스는 따분한 집 안 생활을 음악으로 풀어 나갔지요. 그래서 피아노를 연주하고 작곡하는 것이 몸에 배어 있었어요. 파니가 피아노를 연주할 때 그 음악을 제일 먼저 듣는 사람은 당연히 펠릭스였어요. 펠릭스의 첫 번째 청중도 물론 파니였지요.

드디어 시작된 파니의 연주! 누나의 연주를 듣던 펠릭스는 그만 입

이 떡 벌어지고 말았어요. 자신의 곡보다 훨씬 멋진 곡이었거든요. 게다가 피아노 연주 실력도 파니가 훨씬 앞서 있었지요.

"누나, 정말 대단해. 누나는 꼭 훌륭한 작곡가가 될 거야."

"펠릭스, 너도 훌륭한 작곡가가 될 거야. 우리 꼭 함께 아름다운 음악을 작곡하자."

남매는 함께 음악을 연주하는 멋진 무대를 꿈꾸었지요. 음악을 사랑하고 음악만을 꿈꾸었던 펠릭스와 파니!

하지만 성장하면서 남매의 운명은 완전히 달라졌어요. 펠릭스는 뛰어난 재능을 인정받으며 세계적인 작곡가로 명성을 얻었지만, 파니는 음악 교육조차 마음껏 받을 수 없게 되었거든요.

파니의 꿈을 꺾은 것은 아버지로부터 날아온 한 장의 편지였어요.

음악이 네 동생의 직업이 될 것 같구나.
하지만 너에게는 '장식'이 되어야 할 것 같다.

동생인 펠릭스가 음악가가 되는 것은 인정하지만, 파니에게는 허락하지 않겠다는 뜻이었어요. 그 이유는 아주 단순했어요. 단지 파니가 여자라는 사실 때문이었지요.

또다시 꺾인 꿈

파니가 살던 시대에는 여성에 대한 차별이 심했어요. 여성은 가정에서 살림만 하는 사람으로 여겨졌지요. 파니의 아버지는 특히 보수적인 생각을 가진 사람이었기 때문에 딸이 음악가가 되는 것을 허락할 수 없었던 거예요.

파니의 아버지는 유대인 은행가였어요. 그 덕분에 파니와 펠릭스는 부유하게 살 수 있었고, 어린 시절부터 음악을 가까이할 수 있었지요. 게다가 어머니도 음악가였기 때문에 파니와 펠릭스는 아주 어린 시절부터 피아노를 배웠답니다. 그래서 자연스럽게 두 아이 모두 음악가를 꿈꾸게 되었던 거지요.

파니와 펠릭스는 부모로부터 물려받은 천재적인 음악 재능도 갖고 있었어요.

1819년 어느 만찬회장에서 두 남매의 연주를 들은 많은 사람들이 두 사람의 음악적 재능에 감탄할 정도였지요.

파니는 특히 음악을 기억하는 능력이 뛰어났어요. 열세 살에 이미 작곡가 바흐의 전주곡 스물네 곡을 외워서 연주할 정도였어요.

하지만 단지 여자라는 이유 때문에 파니는 더 이상 음악을 공부할 수 없었어요. 아홉 살에 이미 연주 데뷔를 하고, 열다섯 살에는 이미 작곡가로 인정을 받게 된 동생 펠릭스와는 너무도 다른 삶을 살게 된 거예요.

1829년에 파니는 화가인 빌헬름 헨젤과 결혼을 하게 되었어요. 아버지의 뜻이었지요.

"젊은 여성의 소명은 가정주부의 역할에 충실하는 것이다. 음악은 그저 취미로만 하여라."

그렇지만 파니는 자신의 꿈을 포기할 수가 없었어요. 결혼을 한 뒤에도 파니는 계속 작곡을 해서 400곡이 넘는 곡을 썼지요.

하지만 파니가 음악을 발표할 기회는 좀처럼 오지 않았어요. 여성에 대한 편견이 심하던 시절이라 연주를 선보일 기회조차 찾기 어려웠던 거예요. 그 때문에 파니가 쓴 가곡 가운데 여섯 곡은 펠릭스 멘델스존의 『12곡집 (Twelve Songs)』에 동생 이름으로 출판될 수밖에 없었어요.

펠릭스는 이 곡들이 연주될 때마다 자신의 곡이 아닌 파니의 곡이라는 사실을 밝혔지만, 누구도 파니라는 이름에 관심을 가져 주지 않았답니다. 오직 펠릭스 멘델스존에게 환호를 보낼 뿐이었지요.

파니는 동생의 작품에도 많은 영향을 주었어요. 펠릭스 멘델스존의 작품 가운데 「무언가(말이 없는 노래)」는 독특한 기법의 연주곡인데, 그 기법을 처음 생각해 낸 사람도 파니였어요. 가사는 없지만, 피아노 독주를 들어 보면 마치 누군가가 부르는 노래를 듣는 것처럼 느껴지는 새로운 기법이었지요.

결국 파니에게도 기회가 찾아왔답니다. 세월이 흐르고 부모님이 돌아가시자, 파니도 자유롭게 음악 활동을 할 수 있게 되었거든요.

파니는 아주 멋진 현악 사중주곡을 작곡한 악보와 출판 계획서를 펠릭스에게 제일 먼저 보냈어요.

어린 시절부터 조언자가 되어 주었던 동생의 격려를 받고 싶었던 거지요. 하지만 돌아온 대답은 너무도 뜻밖이었어요.

"누나, 나도 부모님과 생각이 같아. 가정에 충실하는 게 좋겠어."

펠릭스도 당시의 보수적인 남자에 지나지 않았던 거예요.

파니는 화가 났어요. 다른 사람은 몰라도 펠릭스만은 자신의 꿈과 열정을 이해해 줄 거라고 믿었으니까요.

"절대 포기하지 않겠어!"

그럴수록 음악에 대한 파니의 열정은 강해졌지요.

파니가 계속해서 노력한 결과 자신의 이름으로 작품집을 출간할 수 있게 되었답니다. 파니가 오랫동안 꿈꾸던 음악가로서의 삶이 시작된 거지요.

하지만 파니의 행복은 길지 않았어요. 작품집이 출간되고 1년 뒤 파니는 갑작스런 심장마비로 죽음을 맞고 말았거든요. 1847년 5월 음악회를 앞둔 예행연습 도중이었어요.

결국 평생 그토록 사랑하던 피아노 위에서 쓰러진 파니 멘델스존! 파니는 어쩌면 죽음을 맞이하는 그 순간까지도 음악에 대한 열정과 안타까움을 놓을 수 없었는지도 모르겠어요.

평생을 '펠릭스 멘델스존의 누나'라는 이름에 갇혀 살아야 했던 파니 멘델스존!

그녀는 얼마나 '음악가 파니 멘델스존'으로 당당히 평가받고 싶었을까요?

파니의 이런 바람은 당시에는 이루어지지 못했어요. 하지만 오늘날에는 파니 멘델스존의 작품에 대한 재평가 작업이 시작되면서 '19세기의 가장 뛰어난 여성 작곡가'라는 평가를 받게 되었지요.

프랑스의 작곡가 샤를 구노는 파니 멘델스존의 재능을 이렇게 표현했어요.

파니는 비교하기 어려운 음악인이며, 훌륭한 피아니스트이자 동시에 뛰어난 인간이었다.

남달랐던 남매 사랑

파니와 펠릭스는 유난히 서로를 사랑한 남매였어요. 어린 시절부터 늘 집 안에서 함께 음악 연주를 하며 지낸 터라 서로에게 각별한 정을 갖고 있었던 거지요.

두 사람은 생긴 모습도 비슷해서 마치 쌍둥이 같았다고 하지요. 그 때문에 두 사람은 남매 이상의 사랑을 나눈 사이라는 소문까지 생겨날 정도였어요.

평생을 쌍둥이처럼 사랑하며 음악적 동지로 살았던 두 사람! 그래서일까요? 파니의 죽음은 펠릭스에서 너무 큰 충격이 되었어요. 충격을 이겨내지 못한 펠릭스도 파니가 죽은 지 6개월 만에 거짓말처럼 죽고 말았지요. 펠릭스는 죽기 전에 현악 사중주곡을 작곡했는데, 현악 사중주곡의 6번은 '파니의 죽음'이었어요. 누나의 죽음을 슬퍼하는 이 곡은 공포스러울 정도로 어두운 분위기의 곡이에요. 펠릭스에게 누나 파니의 죽음은 바로 공포에 가까운 슬픔이었던 거지요.

펠릭스 바르톨디 멘델스존 (1809년 2월 3일~1847년 11월 4일)

독일의 초기 낭만파 시대의 작곡가예요.

철학자 모제스 멘델스존의 손자로, 열일곱 살 때 이미 「한여름 밤의 꿈」의 서곡을 발표하여 작곡가로서 이름을 날렸어요.

펠릭스 멘델스존은 낭만적인 작품을 많이 남겼는데, 특히 바이올린 협주곡은 베토벤·브람스의 곡과 함께 3대 바이올린 협주곡으로 꼽힌답니다.

엘리사 그레이

최초의 전화기 발명가는 벨이 아니다

엘리사 그레이 (Elisha Gray, 1835년~1901년)

오하이오의 바른스빌에서 태어난 엘리사 그레이는 일찍부터 전신에 대해 관심을 가졌어요. 서른두 살에는 전신 중계 스위치를 만들어 첫 번째 특허를 취득했지요. 하지만 전화기를 최초로 발명하고도 특허권 신청을 늦게 한 탓에 '최초의 전화기 발명가'로 인정받지 못했어요.

새로운 발명품이 탄생했을 때 그것을 만들어 낸 사람은 세계 역사 속에 최초의 발명가로 기록되지요. 그러면 그 발명가는 새로운 발명품에 자신의 이름을 붙여 기쁨과 영광을 두 배로 만들곤 해요.
　전화기도 그런 발명품 중 하나예요. 전화기의 최초 발명가는 그레이엄 벨이지요. 벨은 자신의 이름을 따서 전화기의 이름을 '벨(Bell)'이라고 지었어요.
　그런데 전화기에 '엘리샤'라는 이름이 붙을 뻔했다는 사실을 알고 있나요? 벨보다 먼저 전화기를 발명한 사람이 바로 엘리사 그레이였거든요.
　전화기의 이름이 '엘리샤'가 아닌 '벨'이 된 이유!
　과연 그 사연은 뭘까요?

세기의 사건, 전화기 특허권 소송

1870년대 말 미국에서는 특별한 소송이 벌어지고 있었어요.

'누가 최초의 전화기 발명가인가?' 하는 논란을 둘러싼 전화기 특허권 소송이 한창이었거든요. 소송의 두 주인공은 엘리사 그레이와 그레이엄 벨! 엘리사는 이미 최초의 전화기 발명가로 인정받은 벨을 상대로 자신의 권리를 주장했어요.

"전화기를 맨 처음 고안한 사람은 바로 나요. 벨이 아니란 말이오. 그 증거도 확실하오. 이걸 보시오."

엘리사는 법정에 자신의 공책을 내놓았어요. 공책 속에는 전화기의 모양과 원리가 정확히 그려져 있었지요. 기록된 날짜도 1876년 2월 11일!

"정말이군. 그레이엄 벨의 스케치는 천팔백칠십육 년 삼 월 구 일에 완성되었으니까, 거의 한 달이나 앞선 발명이었어."

법정 안의 사람들은 몹시 놀랄 수밖에 없었어요.

스케치로만 본다면 엘리사가 최초의 전화기 발명가임에 틀림이 없었으니까요. 게다가 엘리사의 전화기 스케치는 벨의 것보다 성능이 훨씬 우수한 것이었어요.

하지만 엘리사의 주장은 소용없는 것이었답니다.

"쯧쯧……. 먼저 발명을 하면 뭐하누. 특허권 신청은 벨이 먼저 해 버린걸. 안타깝지만 어쩔 수 없지." 하고 사람들은 말했어요.

맞아요. 엘리사가 먼저 발명품을 고안했지만, 특허권을 먼저 신청한 건 벨이었어요. 두 사람이 특허권을 신청한 시간의 차이는 단 두 시간! 그 두 시간이 두 사람의 운명을 갈라놓은 거지요.

"판사님, 억울합니다. 스케치 날짜만 봐도 제가 전화기의 발명가라는 게 틀림없질 않습니까? 저의 억울함을 풀어 주세요."

하지만 엘리사의 억울함은 안타깝게도 법적으로는 인정받을 수가 없었어요. 법에는 '발명을 한 사람은 특허권을 신청해야만 자신의 발명품에 대한 권한을 가질 수 있다.'고 기록되어 있었으니까요.

그날 법정에는 판사의 냉정한 목소리만 울려 퍼졌답니다.

"본 법정은 최초의 전화기 발명가는 그레이엄 벨이라는 사실을 인정합니다!"

특허권의 소중함을 알린 소송

　엘리사와 벨 사이에 벌어졌던 이 소송을 사람들은 '세기의 경쟁'이라고 말해요.
　특허번호 174,465번의 전화기는 그만큼 엄청난 발명품이었던 거지요. 전화기가 발명되기 전에 사람들은 편지로 소식을 전했기 때문에 정보나 소식을 전하는 시간이 더딜 수밖에 없었어요. 하지만 전화기가 발명되면서 소식을 전하는 속도는 엄청나게 빨라졌고, 그 결과 인간의 문명 발달 속도도 훨씬 빨라졌지요.
　그런데 왜 엘리사는 이렇게 대단한 발명품을 벨보다 한 달이나 앞서 고안하고도 특허권 신청을 하지 않았던 걸까요? 거기에는 그만한 사연이 있었답니다.
　엘리사는 당시 미국에서 발명가로 꽤나 이름을 알리고 있었어요.

1867년에 이미 스스로 조절되는 전신 중계 스위치를 발명해서 전신 분야에서 전문가로 인정을 받기 시작했거든요.

엘리사는 바이올린의 음을 전기적으로 바꿀 수 있는 '바이올린 수신기'를 고안해 냈어요. 뿐만 아니라 그 과정에서 실마리를 얻어 금속진동판으로 만든 전자기 수신기까지 제작했지요. 그런데 이런 발명 과정에서 엘리사는 중요한 사실을 알아냈어요. 이 금속진동판 전자기 수신기가 음악 전신, 다중 전신, 음성 전신 등에도 이용될 수 있다는 것을 알아낸 거예요. 이것이 바로 전화기의 시작이었어요.

엘리사는 1874년에 이 발명품을 회사의 전신 관계자들에게 보여 주었어요. 발명품을 실제로 만들어서 팔고 싶었던 거예요. 하지만 당시 관계자들의 반응은 냉담했어요.

"재밌는 장난감이군요."

"이걸로 대체 뭘 하자는 거요?"

그 사람들의 눈에 전화기는 장난감 수준으로밖에 보이지 않았던 거지요. 인류의 역사를 바꿀 대단한 발명품을 알아보지 못했던 거랍니다.

실망한 엘리사는 더 이상 전화기 발명에 관심을 기울이지 않았어요. 당시 여러 회사들이 다중 전신 개발에 힘을 기울이고 있던 터라, 돈이 될 수 있는 전신 개발에만 힘을 기울이기로 한 거지요. 그 때문에 엘리사는 한참이 지나서야 자신이 발명한 전화기의 특허권 신청을 하게 된 거예요.

하지만 곧 자신이 얼마나 엄청난 실수를 저질렀는지 깨닫게 되었답니다. 전화기의 특허권은 이미 벨이라는 사람의 것이 되어 있었으니까요. 그리고 자신이 발명했던 전화기가 결코 장난감 따위가 아니라는 것도 깨닫게 되었지요.

그런데 엘리사보다 더 당황한 건 엘리사가 일하던 웨스턴 유니언 회사였어요. 자신들이 엘리사의 전화기를 상품화했다면 엄청난 부자가 되었을 거라는 사실을 그제야 깨달은 거지요.

"이대로 물러날 순 없어. 어차피 전화기를 먼저 발명해 낸 건 엘리사니까, 그 권리를 다시 찾아와야 해."

웨스턴 유니언 회사는 벨의 회사를 상대로 법적 소송을 벌이게 되었는데, 이것이 바로 '세기의 경쟁'으로 불리는 '전화기 특허권 소송'이랍니다.

전화기 특허권 소송은 오랜 기간 계속되었어요. 그리고 결국에는 벨의 승리로 끝나게 되었지요. 웨스턴 유니언 회사는 전화기에 대한 권한을 포기할 수밖에 없었고, 전화 사업은 벨의 회사가 주도하게 되었어요.

당시 이 소송은 전 세계인들에게 커다란 깨달음을 주었답니다. 바로 특허권의 중요성이지요.

"이것은 나 혼자 생각해 낸 아이디어야. 세상에는 없는 새로운 생각이지."

사람들은 흔히 무언가를 생각해 내고 나서 이렇게 말해요. 하지만 알고 보면 새로운 생각이란 좀처럼 없답니다. 내가 생각할 수 있는 것은 다른 사람도 얼마든지 생각해 낼 수 있으니까요. 단지 누가 먼저 그 생각을 세상에 내놓는가의 차이일 뿐이지요.

그런데 그 생각을 세상에 먼저 내놓는 일은 아주 중요하답니다. 엘리사의 경우가 그 사실을 잘 증명해 주지요. 엘리사가 자신이 생각해 낸 발명품을 정말 가치 있는 것으로 여겼어도 그처럼 특허권 등록을 미루었을까요?

 엘리사는 전화기를 별로 가치가 없는 것으로 여겼기 때문에 그런 실수를 저질렀던 거지요. 어쩌면 전문적인 발명가였던 엘리사는 상품으로 만들어지지 못하거나 돈이 되지 않는 아이디어는 가치가 없다고 느꼈을지도 몰라요.

 하지만 벨에게 전화기는 대단히 가치 있는 발명품이었답니다. 벨은 청각 장애인들을 위해 일하고 있었는데, 그들이 소리를 들을 수 있는 방법을 연구하는 과정에서 얻어 낸 것이 전화기였거든요. 돈벌이를 위한 연구가 아니었던 거지요. 그렇기 때문에 벨에게 전화기는 돈벌이가 되지 않는다고 해도 상관없는 귀한 발명품이었던 거예요.

 엘리사는 전화기의 그 소중한 가치를 미처 깨닫지 못했던 거랍니다. 바로 그 점에서 엘리사는 벨에게 뒤질 수밖에 없었던 거예요.

 어떤 생각이나 물건에 대한 가치를 발견하는 일! 특허권은 단순히 '발명을 한 사람의 권리'를 인정해 주는 것이 아니라 바로 '그 가치의 발견'을 보호해 주는 제도인지도 몰라요.

특허권이 뭘까?

특허권이란 발명을 한 사람의 권리를 인정해 주는 제도예요. 그래서 발명가들은 발명품이 완성되면 특허권부터 신청하지요. 오늘날에는 전 세계에서 매일 1,500여 건의 특허 신청이 접수되고 있답니다.

그럼 최초로 특허권을 받은 행운의 발명가는 누구일까요? 최초의 특허권은 1421년 이탈리아의 필리포 브루넬레스키에게 주어졌어요. 그는 대리석을 운반하는 특수 리프팅 기어가 장착된 화물선을 발명했는데, 피렌체 주에서는 필리포 브루넬레스키의 아이디어가 도둑질당하는 것을 막기 위해 특허권을 주었지요. 그 뒤 특허권은 발명품에 대한 권리를 보장받을 수 있는 좋은 제도로 알려지게 되었어요.

전화기 발명에 몰두했던 또 한 명의 발명가

엘리사와 벨, 두 사람 외에도 당시 전화기 발명 연구에 몰두했던 과학자가 한 명 더 있었어요. 바로 세계적인 발명가 에디슨이에요.

에디슨은 전기를 이용한 발명품에 관심을 갖다가 전화기 발명에 몰두하게 되었어요. 하지만 벨이나 엘리사보다 늦었기 때문에 최초의 전화기 발명가가 될 수는 없었지요.

대신 에디슨은 더 좋은 전화기 발명에 힘을 기울였어요. 그 결과 벨의 전화기보다 훨씬 편리한 전화기를 만들어 냈지요. 에디슨의 전화기는 상품으로 생산되자마자 벨의 전화기와 치열한 경쟁을 벌였어요. 그런데 경쟁을 벌이면서도 에디슨은 이런 생각을 하게 되었지요.

'송화기는 우리 회사 것이 확실히 더 좋아. 하지만 수화기는 벨의 것이 더 좋단 말이야.'

벨도 마찬가지였어요.

'말소리를 내는 송화기는 에디슨의 것이 우리 것보다 더 좋아. 두 제품을 합쳐서 만들면 최고의 전화기가 탄생하지 않을까?'

결국 에디슨과 벨은 손을 잡았어요. 물론 성능 좋은 전화기도 탄생하게 되었지요.

안토니오 살리에르
그는 모차르트를 죽이지 않았어

안토니오 살리에르
(Antonio Salieri, 1750년 8월 18일~1825년 5월 7일)

이탈리아의 작곡가예요.
궁정 소속 작곡가로 발탁된 뒤 1788년에는
궁정 악장이 되어 빈에서 활동했어요.
1786년 파리에서 초연된 오페라
〈오라스(Les Horaces)〉가 대표작인데,
그 외에도 약 40곡에 이르는 오페라·
발레음악·종교 음악 등을 남겼어요.

'살리에르 증후군'이라는 말이 있어요.

아무리 노력해도 천부적 재능을 타고난 1인자의 벽을 넘지 못하는 상태를 뜻하는 말이에요.

흔히 심한 열등감에 싸여 있는 사람을 보고 '살리에르 증후군을 앓고 있다.'고 하지요. 천재 음악가 모차르트에게 열등감을 느껴 좌절했던 이탈리아의 음악가 살리에르를 빗댄 말이랍니다.

살리에르는 열등감과 질투심 때문에 모차르트를 독살했다는 '모차르트 독살설'의 주인공이기도 하지요.

과연 살리에르는 어떤 인물일까요?

정말 살리에르는 모차르트를 독살했을까요?

나는 모차르트를 죽이지 않았소!

1791년에 음악가 모차르트가 죽었어요. 사람들은 천재 작곡가의 죽음을 슬퍼하고 안타까워했지요.

"아름다운 모차르트의 음악이 더 이상 작곡될 수 없다니! 너무나 안타깝군."

그런데 모차르트의 죽음은 이상한 소문을 만들어 냈지 뭐예요.

"소문 들었어? 모차르트가 죽은 건 살리에르 때문이라더군."

"그렇다더군. 살리에르가 모차르트를 엄청 미워했잖아. 그래서 독살을 시킨 거래."

소문은 마치 사실인 것처럼 세상으로 퍼져 나갔지요.

소문은 살리에르의 귀에도 들어갔어요. 이미 나이가 많은 데다가 정신병까지 앓고 있던 살리에르는 고통스럽기만 했지요.

"나는 모차르트를 독살하지 않았어!"

살리에르는 소리치며 괴로워했지만 사람들의 의심 섞인 눈초리는 수그러들지 않았어요. 젊은 시절에 살리에르가 모차르트를 질투하고 미워한 것은 사실이었거든요.

소문 때문에 괴로워한 탓인지 살리에르의 정신병은 더욱 심해져만 갔어요. 급기야는 이상한 헛소리까지 중얼거리기 시작했지요.

"모차르트가 죽은 건 나 때문이야. 모차르트는 내가 독살했어."

정신적인 충격이 컸던 탓에 판단력을 잃고 만 거예요.

하지만 살리에르는 죽기 직전 곁을 지키던 지인에게 유언처럼 진심을 고백했어요.

"당신도 알고 있지요, 모차르트를 내가 독살했다는 얘기……. 그러나 그건 진실이 아니에요. 모함이에요. 제발 진실을 세상에 알려 주십시오."

모차르트 때문에 재능조차 가려져 버린 음악가

〈아마데우스〉는 오스트리아의 음악가 볼프강 아마데우스 모차르트의 삶을 그린 영화예요. 이 영화에서 살리에르는 모차르트를 미워하는 악역으로 등장하지요. 이 영화가 세계적으로 화제가 되면서 살리에르는 '모차르트를 미워한 음악가'로 사람들의 기억에 남게 되었답니다.

게다가 모차르트를 독살했다는 소문에 휩싸이면서 살리에르는 음악계의 악동이 되었지요. 그 때문에 살리에르가 어떤 음악가인지를 모르는 사람들이 많답니다.

과연 살리에르는 어떤 음악가였을까요?

살리에르는 정말 모차르트를 미워하고 독살한 걸까요?

안토니오 살리에르는 이탈리아의 음악가로, 18세기 말과 19세기 초 음악사에 등장하는 중요한 인물 중 한 명이에요. 당시 궁정 악장까지 지낸 실력 있는 오페라 작곡가지요.

살리에르는 많은 사람들로부터 부러움을 사는 인물이기도 했어요. 빈의 궁정 악장이라는 높은 자리에 있었기 때문에 명성과 부를 모두 누리고 있었으니까요. 발표하는 작품들도 성공을 거두었어요. 오페라 〈다나이드〉는 1784년 파리에서 상연되어 성공을 거두었고, 1786년 파리에서 초연된 오페라 〈오라스〉 역시 성공을 거둔 터라 살리에르는 최고의 음악가로 불릴 만했지요.

살리에르가 나쁜 소문에 휩싸이기 시작한 것은 1786년쯤의 일이었어요. 당시 모차르트와 살리에르는 오스트리아 빈의 쉰브룬 궁전에서 함께 무대에 오르게 되었어요. 황제 요제프 2세가 두 사람의 작품을 함께 무대에 올리게 했거든요.

궁정 소속 작곡가였던 살리에르는 사실 마음이 편치 않았어요. 어린 나이에 새롭게 떠오른 음악계의 신동 모차르트와 한 무대에 서는 것부터가 부담스러웠으니까요.

'혹시라도 사람들이 모차르트의 오페라를 더 좋아하면 어쩌지? 설마 저런 애송이가 만든 것보다 못한 음악이란 소리를 듣진 않겠지?'

살리에르는 모차르트가 신동이라는 소문을 들었던 터라 걱정이 되었던 거예요.

그날 무대에 모차르트는 단막 오페라 〈극장 지배인〉을 올렸고, 살리에르는 〈말이 먼저냐, 음악이 먼저냐〉라는 오페라를 올렸지요. 그런데 두 오페라는 줄거리도 비슷했답니다. 소프라노 자리를 놓고 주역 캐스팅을 따내려는 두 가수의 갈등과 경쟁! 마치 두 사람의 운명을 그려 놓은 것 같은 내용이었지요.

다행스럽게도 첫 번째 공연 무대의 우승자는 살리에르였어요. 사람들은 살리에르의 작품에 더 큰 박수를 쳐 주었고, 황제도 모차르트가 받은 작곡료의 두 배에 달하는 금액을 살리에르에게 주었지요.

문제는 그다음에 벌어졌어요. 그 무렵 모차르트가 자신의 대표작 중 하나인 〈피가로의 결혼〉을 완성했거든요.

무대에 올려진 〈피가로의 결혼〉은 엄청난 박수갈채를 받았지요. 불안해진 살리에르는 이성적인 판단력을 잃은 듯 옳지 못한 행동들을 했어요.

신문기자들에게 뇌물을 주어 〈피가로의 결혼〉에 대한 나쁜 기사를 싣게 했고, 공연하는 가수에게도 돈을 주어 일부러 노래를 망치게 했어요. 공연 중에 나오는 발레 장면을 못하게 협박하기도 했고, 앙코르 금지령을 내려 공연을 방해하기도 했답니다. 천재 음악가에 대한 불안감이 옳지 못한 행동을 하게 한 거지요.

하지만 그게 진실의 전부였어요.

그 뒤 모차르트는 〈돈 조반니〉와 〈마술 피리〉 같은 걸작을 만들어

내면서 최고의 음악가로 성장한 반면, 살리에르는 베토벤과 슈베르트의 스승이 되어 모차르트와는 다른 길을 걷게 되었으니까요.

    살리에르가 모차르트를 질투하여 독살까지 했다는 소문이 정설처럼 굳어진 것은 1830년경부터였어요. 러시아의 작가 푸시킨이 〈모차르트와 살리에르〉라는 희곡을 썼는데, 질투에 눈먼 살리에르가 모차르트를 독살하는 장면이 있었거든요. 그 장면은 다시 영화 〈아마데우스〉에서 다뤄졌는데, 영화 속 모차르트를 천재적인 음악가로 만들기 위해 살리에르라는 극적인 인물이 필요했던 거예요. 사람들은 그것을 사실로 믿게 된 거지요. 결국 살리에르는 음악가가 아닌 '모차

르트를 미워한 살인자'가 되어 버린 거예요.

사람들은 끊임없이 영웅이나 위인을 만들고 싶어해요. 그리고 그렇게 만들어진 영웅의 관점에서 세상을 보려고 하지요. 영웅 모차르트의 관점에서 보면 살리에르는 단지 모차르트를 미워한 악역에 불과했던 거랍니다.

하지만 살리에르도 그 시대를 대표했던 재능 있는 음악가임에 틀림없어요. 1788년 이후부터 평생을 궁정 악장으로 살았으니까요. 살리에르는 당시 오페라, 실내악, 종교 음악 분야에서 높은 명성을 쌓았어요. 특히 〈다나이드〉는 40여 곡에 이르는 그의 작품 중 최고의 오페라로 손꼽히지요.

살리에르는 유명 작곡가의 스승으로도 이름을 날렸어요. 베토벤, 슈베르트, 리스트 등의 음악가들이 어린 시절에 살리에르에게서 음악을 배울 정도였지요. 그만큼 그의 재능은 뛰어났던 거예요.

그 사실을 뒤늦게 깨달은 사람들이 늘어나면서 최근에는 살리에르를 새롭게 조명해 보는 작업이 시도되고 있어요. 2004년 이탈리아 밀라노의 라스칼라 극장에서는 살리에르의 〈에우로파 리코노시우타〉라는 작품을 무대에 올렸어요. 최근에는 성악가들도 살리에르의 작품을 녹음하기 시작했지요. 음악가로서의 살리에르가 새롭게 재평가되기 시작한 거예요.

볼프강 아마데우스 모차르트 (1756년 1월 27일~1791년 12월 5일)

오스트리아의 작곡가로, 어린 시절부터 천재적인 재능의 음악가로 이름을 알렸어요.

서른여섯 살이라는 젊은 나이에 생을 마감했지만, 어린 시절부터 창작 활동을 한 덕에 성악, 기악의 모든 영역에서 다채롭고 개성적인 작품들을 남겼지요.

하이든과 함께 빈고전파의 양식을 확립한 음악가로 평가를 받고 있어요.

리제 마이트너
오토 한에게 빼앗긴 노벨상

리제 마이트너
(Lise Meitner, 1878년 11월 7일~1968년 10월 27일)

오스트리아 출신의 스웨덴 물리학자예요.
여성으로서는 처음으로 빈 대학에서 물리학을
전공한 뒤 오토 한과 함께 30년 동안이나
방사능에 대해 연구했어요.
오토 한, 슈트라스만과 함께 핵분열 현상을
발견하고, 그 구조를 설명하여 핵분열 연구의
창시자 중 한 사람이 되었어요.
1966년에는 프리츠 슈트라스만과 공동으로
여성 최초로 엔리코 페르미상을 받기도 했어요.

20세기로 넘어갈 무렵 과학사에는 획기적인 사건이 벌어졌어요. 핵분열의 발견!

우라늄 원자핵 분열의 발견은 과학계는 물론 세계 정치 판도를 바꾸어 놓은 엄청난 사건이었어요. 원자핵 분열을 이용한 원자 폭탄이라는 무시무시한 무기가 탄생하게 되었고, 핵분열 과정에서 방출되는 에너지를 만들어내는 원자력 발전소가 만들어졌으니까요.

그럼 이처럼 엄청난 발견은 누구에 의해 이루어진 걸까요?

그 주인공은 여성 물리학자 리제 마이트너와 독일 과학자 오토 한이었어요.

그런데 어처구니없는 일이 벌어졌답니다.

핵분열을 발견한 과학자에게 노벨 화학상이 수여되었는데, 수상자 명단에는 오토 한의 이름만 올라가 있었거든요.

대체 왜 이런 일이 벌어진 걸까요?

동료의 배신으로 놓쳐 버린 노벨상

'물리학자 오토 한, 핵분열 발견으로 노벨상을 받다!'

1944년 어느 날 각 신문들은 오토 한의 노벨상 수상 소식을 알리느라 분주했어요.

"정말 대단한 발견이야. 오토 한은 천재야."

"위대한 오토 한! 자랑스런 물리학자!"

사람들은 입을 모아 오토 한의 업적을 칭송했지요.

하지만 그날 오토 한의 동료 학자 리제 마이트너는 쓰라린 배신감과 충격을 달래느라 애를 써야만 했답니다.

'그럴 리가! 어떻게 오토 한이 이런 짓을 할 수가 있어? 이건 뭔가 크게 잘못된 거야.'

리제 마이트너의 머릿속에는 오토 한과 함께했던 지난 세월의 기억들이 영화 장면처럼 펼쳐지기 시작했어요.

리제 마이트너는 오스트리아의 빈에서 태어났어요. 어린 시절부터 과학에 재능을 보였던 리제 마이트너는 빈 대학 물리학과에 입학했고, 1906년에는 우수한 성적으로 졸업하며 최초의 여성 물리학 박사가 되었어요.

리제 마이트너가 오토 한을 만난 것은 1907년 무렵이었어요. 유명한 과학자인 막스 프랑크의 수업을 듣기 위해 베를린으로 갔을 때였지요.

처음에 막스 프랑크는 리제 마이트너가 여자라는 이유만으로 그녀를 무시했어요. 하지만 재능 있는 과학자라는 사실을 알게 된 뒤에는 방사능 물질을 연구하던 오토 한과 공동 작업을 하도록 주선까지 해 주었지요.

"리제, 오토 한과 연구를 하다 보면 큰 성과를 얻을 수 있을 거야. 두 사람은 큰 장점들을 가지고 있거든."

사실 오토 한은 실험 계획을 짜고 그것을 행동으로 실행하는 능력이 뛰어난 화학자였어요.

반면 리제 마이트너는 체계적이고 독창적인 사고를 가진 물리학자라서 연구에 필요한 상당한 지식을 갖고 있었지요.

확연히 다른 장점을 가진 두 사람이 힘을 모으자 실제로 큰 성과를

얻을 수 있었어요.

　게다가 젊은 화학자 프리츠 슈트라스만까지 합세하면서 방사능 연구는 힘을 얻기 시작했어요.

　"원자에 중성자를 쏘면 어떤 물질이 생겨나는지를 알아봅시다."

　세 사람은 새로운 실험에 도전할 계획도 세웠지요.

　그런데 큰 문제가 생겼어요. 1938년 독일이 오스트리아를 침략하면서 독일 나치의 인종 차별 정책이 시작되었거든요. 유대인에 대한 학살이 시작되면서 유대인이던 리제 마이트너는 위험에 놓였어요. 어쩔 수 없이 리제 마이트너는 베를린을 떠나 스웨덴으로 망명을 가야만 했지요.

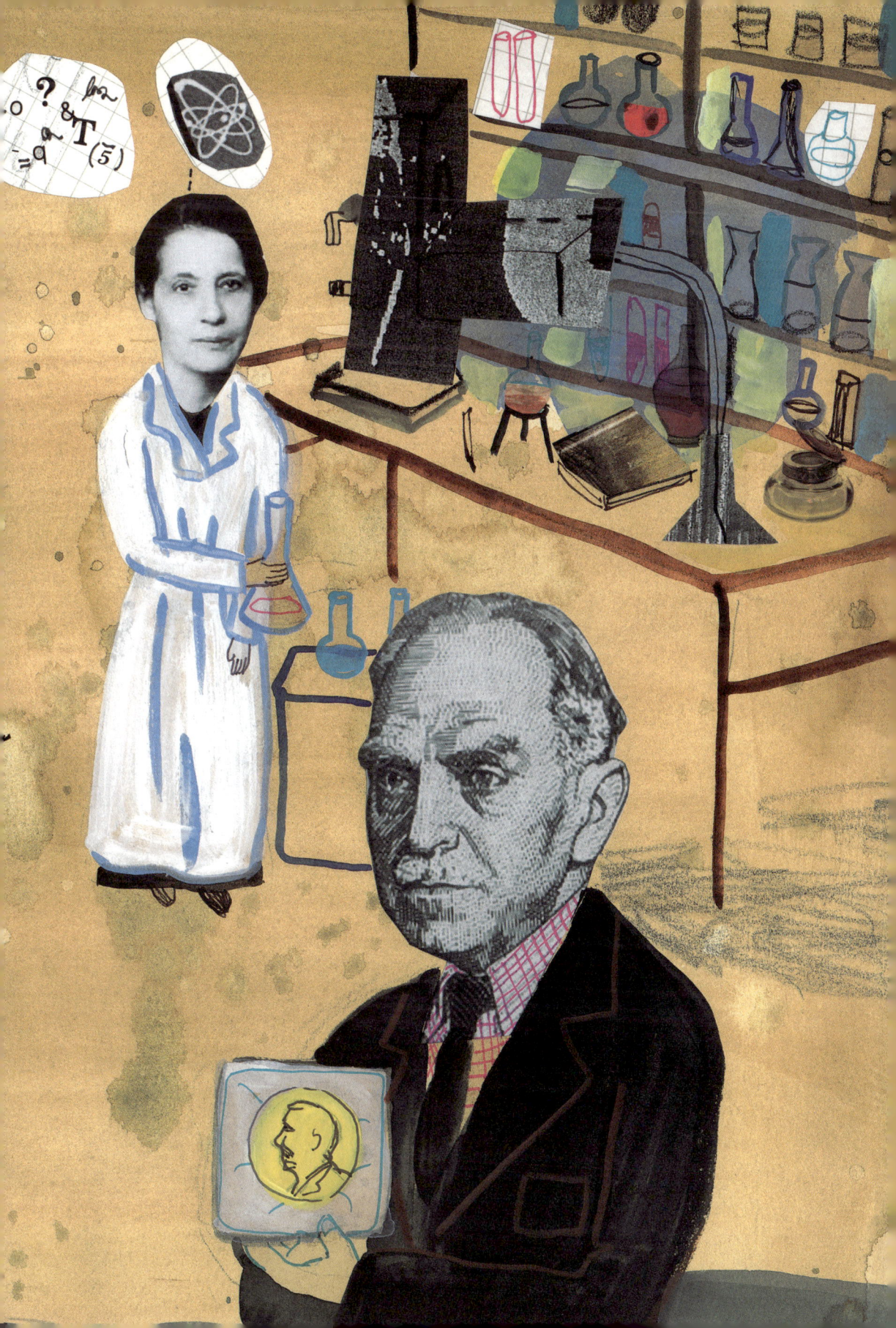

그런데 그 무렵 오토 한과 슈트라스만은 실험 중 이상한 현상을 보게 되었어요. 우라늄 원자핵이 분열을 일으키는 것을 알게 된 거지요. 하지만 두 사람은 그 현상을 이해할 수 없었어요.

"리제, 이상한 현상이 일어났어요. 당신의 도움이 필요해요."

결국 오토 한은 리제 마이트너에게 도움을 청하는 편지를 썼고, 그녀는 그 현상이 핵분열 현상이라는 사실을 알아냈지요. 그리고 핵분열이 연쇄 반응으로 연결되며, 그 과정에서 에너지가 방출된다는 사실도 알아냈어요.

그것은 과학사에 남을 대단한 발견이었어요. 당시 연구 결과는 세계 과학자들을 깜짝 놀라게 만들었지요. 그리고 원자 핵분열 현상을 발견한 과학자에게 세계는 노벨 화학상이라는 영광을 주기로 결정했답니다.

리제 마이트너, 오토 한, 프리츠 슈트라스만의 고생이 영광으로 바뀌는 순간이었지요.

하지만 1944년 노벨 화학상에는 오토 한의 이름만 적혔어요. 오토 한이 다른 두 사람은 그저 자신의 연구에 작은 도움을 준 보조자라고 말했기 때문이지요. 공동 연구를 했다는 사실을 오토 한은 인정하지 않았던 거예요.

리제 마이트너는 이 사건으로 마음의 상처를 크게 입었어요. 상에 대한 아쉬움보다는 믿었던 동료로부터 받은 배신감이 더 컸지요. 그래도 리제 마이트너는 오토 한을 미워하지 않으려고 노력했어요. 안타까운 마음을 그저 이런 중얼거림으로 달랠 뿐이었지요.

"오토 한은 충분히 상을 받을 자격이 있어. 그러나 나와 프리츠 슈트라스만도 그럴 자격이 있었어……."

위험한 유혹

과학의 발전은 사람들의 삶에 유익하게 사용되기만 하는 건 아니에요. 때로는 대단한 발명품이 인간의 생명을 위협하는 위험물이 되기도 하니까요. 전쟁에 사용되는 무기들이 바로 그런 것들이지요.

리제 마이트너가 발견한 핵분열도 그런 것들 중의 하나예요. 핵분열의 발견은 결국 원자 폭탄이라는 무시무시한 무기를 만들어 냈으니까요.

핵분열을 발견한 뒤 리제 마이트너는 미국 정부로부터 엄청난 제안을 받았어요.

"리제 마이트너, 맨해튼 프로젝트에 동참해 주십시오."

맨해튼 프로젝트란 방대한 규모의 원자 폭탄 제조 계획이었지요. 만약 그 제안을 수락한다면 리제 마이트너에게는 엄청난 돈과 명성이 주어질 게 뻔했어요.

하지만 리제 마이트너는 망설임 없이 그 제안을 거부했어요. 리제 마이트너는 평화주의자였기 때문이지요. 그녀는 자신의 과학 연구가 무기를 만드는 일에 이용되는 것을 가슴 아파했어요. 자신의 연구 결과가 인간이 평화를 유지하는 일에 도움이 되기를 바랐으니까요.

그런데 리제 마이트너의 바람과는 달리 핵분열의 발견은 많은 불행을 불러왔어요. 리제 마이트너 개인에게는 동료 오토 한의 배신이라는 아픔을 남겼고, 인류 역사에도 큰 아픔을 주었지요. 핵분열 원리로 만들어진 원자 폭탄은 제2차 세계 대전에 사용되면서 수많은 생명을 앗아 갔어요. 또 세계 곳곳에 건설된 원자력 발전소가 사고로 부서지면서 방사능 누출이라는 재앙을 낳기도 했답니다.

물론 리제 마이트너는 자신의 연구 결과가 이런 불행을 낳을 거라는 상상은 못했을 거예요. 아마도 그녀는 자신의 오랜 연구 성과가 오토 한의 것이 되어 버린 것보다 그 결과로 인해 빚어진 인류의 불행에 더 슬퍼하고 가슴 아파하지 않았을까요?

오토 한 (1879년 3월 8일~1968년 7월 28일)
　독일의 과학자예요. 리제 마이트너, 프리츠 슈트라스만과 함께 핵분열에 대한 연구를 해서 1944년 노벨 화학상을 받았어요.

프리츠 슈트라스만 (1902년 2월 22일~1980월 4월 22일)
　독일의 과학자예요. 리제 마이트너, 오토 한과 함께 우라늄의 핵분열 현상을 발견했어요. 우라늄과 토륨으로부터 인공방사성동위원소를 만들어 낸 과학자이기도 하지요.
　1966년에는 원자력에 관한 현저한 공적을 남긴 사람에게 수여되는 상인 페르미상을 수상하기도 했어요.

남승룡

손기정의 금메달에 가려진 동메달

남승룡
(南昇龍, 1912년 11월 23일~2001년 2월 20일)

한국의 마라톤 선수예요.
전라남도 순천에서 태어났는데,
어린 시절부터 마라톤에 재능을 보였어요.
일본 메이지 대학에 다니던 중
손기정과 함께 베를린 올림픽
대표 선수로 뽑혔고,
1936년 베를린 올림픽에서
동메달을 땄어요.

손기정은 베를린 올림픽에서 금메달을 따며 국민들에게 희망과 꿈을 심어 준 마라톤 선수예요. 그래서 영웅적인 마라톤 선수로 평가를 받고 있지요.
 그런데 손기정 선수가 금메달을 땄던 바로 그 올림픽 경기에서 또 한 사람의 대한민국 선수가 메달을 땄다는 사실은 모르는 사람들이 많답니다.
 베를린 올림픽에서 동메달을 딴 남승룡이 그 주인공이에요. 남승룡의 동메달은 손기정의 금메달에 가려 제대로 평가받을 기회를 얻지 못한 거지요. 그래서 남승룡은 '비운의 마라톤 선수'라는 수식어를 갖게 되었답니다.
 금메달 지상주의에 가려진 비운의 동메달 마라톤 선수 남승룡! 그는 누구일까요?

가려진 동메달

1936년 베를린 올림픽 마라톤 경기장, 결승선을 향해 마지막 힘을 다하는 세 명의 선수가 있었어요. 영국 선수 하퍼와 일본 국기인 일장기를 가슴에 단 손기정과 남승룡!

하지만 손기정과 남승룡은 일본 선수가 아니었지요. 조선의 선수였으니까요. 당시 조선은 일본의 식민지였어요. 그 때문에 두 선수는 제 나라 국기가 아닌 일장기를 가슴에 달아야만 했던 거예요. 하지만 두 선수의 가슴은 자신의 나라에 대한 사랑으로 끓고 있었답니다.

'꼭 일등을 하고 말겠어. 그래서 일제에 핍박받는 백성들의 가슴에 희망을 심어 줄 거야.'

'최선을 다하는 내 모습을 본다면 우리 백성들도 독립에 대한 희망의 끈을 놓지 않을 거야.'

두 선수는 마지막 순간까지 같은 다짐으로 이를 악물었지요.

잠시 뒤 결승선을 끊고 한 선수가 들어왔어요. 경기장에는 독일인 아나운서가 서툰 발음으로 부르는 선수의 이름이 울려 퍼졌지요.

"손!"

손기정 선수가 1등으로 들어온 순간이었어요.

그다음은 영국 선수 하퍼가 결승선으로 들어왔지요. 바로 이어 들어온 남승룡 선수!

"남!"

독일인 아나운서의 어색한 발음이 다시 한 번 경기장 안에 울려 퍼졌답니다.

소식은 금세 조선 땅으로 전해졌지요.

"세상에! 우리 조선의 선수들이 메달을 땄대요. 그것도 두 개나!"

"젊은 선수들도 저렇게 최선을 다하는데, 우리가 슬퍼만 하고 있을 순 없지. 우리도 힘을 내서 나라의 독립을 위해 싸우자고!"

두 선수의 소식은 절망에 빠진 백성들에게 광복에의 희망을 심어 주었지요.

그런데 똑같이 메달을 따고서도 두 선수의 운명은 많이 달랐어요.

'식민 치하의 굴욕을 시원하게 풀어 준 금메달리스트 손기정!'

'자랑스런 대한민국의 마라톤 선수 손기정!'

신문들은 일제히 손기정의 금메달에 초점을 맞추기 시작했거든요.

사람들의 관심은 온통 손기정에게 쏠렸고, 신문들은 금메달을 목에 건 손기정을 영웅으로 만드는 일에만 열중했지요. 남승룡의 동메달은 손기정의 금메달에 가려져 버린 거예요. 남승룡에게 돌아온 것은 '손기정에게 가려져 버린 비운의 선수'라는 수식어뿐이었어요.

"정말 부러웠던 것은 월계수"

두 선수의 베를린 올림픽 메달 획득은 백성들을 들뜨게 했어요. 그런데 들썩임은 이미 그해 초부터 시작되고 있었어요.

"올림픽 예선전에서 우리 마라톤 선수가 둘이나 뽑혔다는군. 정말 대단해."

일본 땅에서 벌어진 예선 대회에서 손기정과 남승룡이 일본 선수들을 꺾고 선발되었다는 소식이 벌써부터 백성들에게 희망을 심어 주고 있었거든요. 대회에는 모두 세 명의 마라톤 선수가 참가할 수 있었는데, 일본 선수는 단 한 명뿐이었던 거예요. 조선 땅의 백성들은 손기정과 남승룡 선수가 메달을 따 줄 것이라는 염원과 기대로 한마음이 되었답니다.

반면 일본은 몹시 당황했어요. 제 나라 출신의 선수가 단 한 명뿐이라는 사실이 치욕스러웠던 거지요.

'안 돼! 무슨 수를 써서라도 조선 선수를 한 명으로 줄이고, 일본 선수를 한 명 더 넣어야 해.'

결국 일본 선수단은 남승룡을 뺄 묘책을 궁리해 냈어요. 당시 성적이 1등인 손기정은 뺄 수 없지만, 그보다 조금 성적이 낮은 남승룡을 빼려는 음모였지요. 일본 선수단의 음모는 다행히 남승룡과 손기정에게 알려졌어요.

"단지 조선인이라는 이유로 실력과 관계없이 뺀다는 것은 말이 안 돼! 절대 그럴 수 없어."

"백성들을 실망시킬 수 없어. 좋은 방법이 없을까?"

궁리 끝에 좋은 계획이 세워졌어요.

"남승룡 선수를 이번 예선전에서 일등을 시키는 거야. 그리고 손기정은 이등을 하는 거지. 그럼 남승룡 선수를 절대 빼지 못할 거야."

계획은 적중했어요. 손기정은 남승룡을 선두에 내보내고 일본 선수 시오아키와 스즈키를 따돌리며 2등을 했지요. 일본 선수단도 두 선수의 실력에 할 말을 잃을 수밖에 없었어요.

그러자 일본 선수단은 또 다른 음모를 계획했어요. 베를린에 일본 선수 두 명을 모두 데리고 가겠다고 발표를 했거든요. 베를린에서 다시 선발전을 해서 세 명의 선수를 뽑겠다고 억지를 부렸지요.

"일본 선수들은 분명히 반칙을 할 거야. 그걸 잡아내야 해."

손기정과 남승룡은 다시 힘을 모았어요. 선발전이 치러질 구간에 조선인을 배치해서 일본 선수들을 감시하기로 했지요.

이번에도 예상은 적중했어요. 일본 선수인 시오아키가 샛길로 슬쩍 빠지는 장면이 목격되었거든요. 샛길로 가서 500미터 거리를 줄이려 했던 거예요. 화가 난 남승룡은 시오아키를 향해 주먹을 날렸지요.

그러자 일본 선수단은 시오아키의 부정행위는 묻어 둔 채 남승룡이 폭력을 썼다며 탈락을 주장했어요. 힘없는 조선의 선수라는 이유만으로 억울하게 탈락될 위기에 놓인 거지요.

하지만 하늘은 남승룡의 편이었어요. 이런저런 궁리를 짜내 보았지만 손기정과 남승룡의 실력에 대항할 수 없다는 사실을 깨달은 일본 선수단은 결국 두 사람을 모두 대회에 출전시킬 수밖에 없었어요. 그리고 두 선수는 보란 듯이 금메달과 동메달을 따냈지요. 두 선수의 메달은 어느 것이 더 훌륭하다고 비교할 수 없는 것이었어요. 같은 염원을 모아서 함께 일구어 낸 결과였으니까요.

그런데 시간이 많이 흐른 뒤 남승룡은 당시의 기억을 떠올리며 뜻밖의 사실을 고백했어요.

"내가 정말 부러웠던 것은 손기정 선수의 금메달이 아니라 월계수였다."

베를린 올림픽 시상대 위에서의 일이에요.

당시 메달 시상식 뒤 경기장 안에 울려 퍼진 건 일본의 국가였어요. 제 나라를 짓밟은 일본의 국가를 들으며 서 있어야만 했던 두 선수의 마음은 너무도 비참했지요. 그 때문에 두 선수는 절로 고개가 푹 꺾이고 말았답니다.

그런데 손기정 선수는 금메달리스트에게 주어진 월계수로 제 가슴에 달린 일장기를 가릴 수 있었어요. 하지만 월계수를 받지 못한 남승룡의 가슴에 붙은 일장기는 그대로 드러날 수밖에 없었지요. 이 한 마디의 말은 남승룡이 올림픽에 임했던 각오와 마음을 잘 표현해 주고 있어요.

'내 나라 국기가 아닌 원수 나라의 국기를 달고 원수 나라의 국가를 들어야 하다니……'

남승룡은 금메달보다 월계수로 부끄러운 일장기를 가릴 수 있었던 손기정이 부러웠던 거지요. 그에게 순위는 중요하지 않았던 거예요. 나라와 백성을 위해 달렸다는 사실이 더없이 중요했던 거랍니다.

당시의 기억 때문에 남승룡은 늘 가슴에 자랑스런 태극기를 달고 달리는 날을 꿈꾸었어요. 그리고 그 꿈은 이루어졌지요. 광복 후인 1947년, 서른다섯의 나이였지만 남승룡은 제51회 보스턴마라톤대회에 출전했어요. 남승룡의 가슴에는 태극 마크가 자랑스럽게 달려 있었답니다. 대회에서 비록 10위를 하여 메달을 따지는 못했지만 남승룡에게는 더없이 행복한 날이었어요.

남승룡마라톤대회

순천에서는 해마다 남승룡마라톤대회가 열려요. 고 남승룡 선수를 추모하기 위한 이 경기는 순천남승룡마라톤대회조직위원회가 주관하여 개최하는 대회예요.

손기정 (1912년 8월 29일~2002년 11월 15일)

1936년 제11회 베를린 올림픽에서 우승하며 2시간 29분 19초의 세계 최고 기록을 세웠어요. 식민 치하에서 고통받던 백성들에게 꿈과 희망을 심어 준 마라톤 선수로 사랑을 받았어요.

삼국유사
빛나는 2등

일연 (一然, 1206년~1289년)

『삼국유사』의 저자로, 고려시대의
승려이자 학자예요.
아홉 살의 나이에 절(무량사)에 들어가
학문을 닦다가 1219년에 승려가 되었고,
승려로서는 최고의 자리인 국사에까지
올랐어요.
『삼국유사』 외에도 『어록(語錄)』,
『계승잡저(界乘雜著)』,
『중편조동오위(重編曹洞五位)』
등의 많은 저서를 남겼어요.

삼국 시대의 역사를 기록한 대표적인 책이라면 누구나 『삼국사기』와 『삼국유사』를 꼽아요. 두 권 모두 고려 시대에 쓰인 것으로, 아득한 삼국 시대 우리 민족의 역사를 알려 주는 소중한 자료지요.

그러나 같은 시대를 다룬 책인데도 두 책의 운명은 많이 달랐어요. 왕의 명령을 받은 김부식의 주도로 10명의 사관에 의해 쓰인 『삼국사기』는 당시 최고의 역사서로 인정받은 반면, 일연이라는 스님에 의해 쓰인 『삼국유사』는 그 가치를 제대로 인정받지 못한 채 역사 속에서 잊혀 가야만 했거든요. 『삼국사기』는 여러 사관에 의하여 이루어진 정사(正史 : 왕조가 정통으로 인정하여 편찬한 사서)지만 『삼국유사』는 일연이라는 개인에 의해 쓰인 야사(野史 : 개인이 지은 역사 서적)라는 이유 때문이었어요.

그런데 20세기에 와서 『삼국유사』는 새롭게 조명받으며 훌륭한 역사서로 재평가를 받게 되었어요. 『삼국사기』와 맞먹는 역사서라는 평가였지요.

『삼국유사』가 재평가를 받게 된 사연은 무엇일까요?

삼국유사를 다시 찾아낸 최남선

"세상에! 이런 일이!"

일제 시대 일본 유학생이던 최남선(작가이자 역사가)은 일본의 한 책방에서 소스라치게 놀랐어요. 눈앞에 믿기지 않는 일이 벌어졌으니까요.

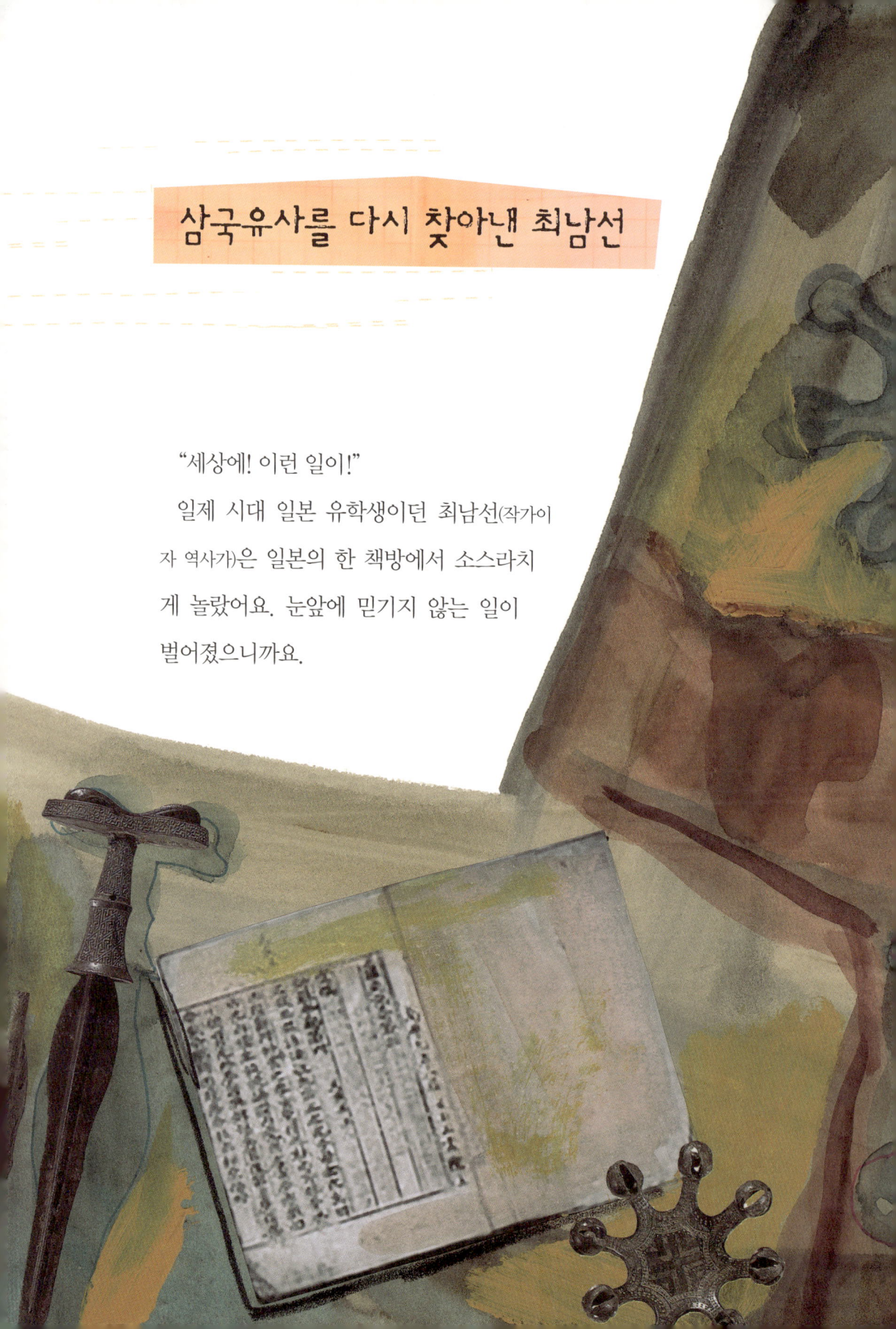

"이건 분명 삼국유사야!"

책방에서 팔고 있는 책 한 권! 비록 일본어로 인쇄된 것이었지만, 그건 분명 우리나라의 역사서인 『삼국유사』가 분명했어요.

"사라진 삼국유사가 어떻게 이곳에!"

최남선은 놀라움과 반가움에 몸을 떨었지요.

『삼국유사』는 고려 시대에 집필된 뒤 1512년에 단 한 번 인쇄되었어요. 유학을 중요시하던 조선 시대에는 불교적인 내용을 담고 있다는 이유로 아예 무시되면서 사람들 사이에서 잊혀 갔지요. 게다가 야사라는 이유로 외면받다 보니 보존이 잘 되지 않아, 당시에는 기록에만 있을 뿐 실제로는 찾을 수 없는 책이었답니다. 그 귀한 책을 일본 땅에서 만났으니 최남선의 놀라움은 이만저만이 아니었지요.

'그래! 임진왜란 때 삼국유사가 일본인들에게 강탈되었구나. 그래서 이 소중한 책이 제 나라를 떠나 일본 땅에 머물게 된 거야.'

최남선은 『삼국유사』가 식민지가 되어 버린 제 나라의 모습처럼 안타깝기만 했지요. 당시 책의 가치를 알아본 일본 학자들은 『삼국유사』를 자신들의 책처럼 연구하고 번역해서 출간을 하고 있었던 거예요.

'삼국유사를 이대로 버려둘 순 없어. 우리나라의 책인데, 당연히 우리 학자들이 연구하고 보존해야지.'

굳은 결심을 한 최남선은 고국으로 돌아온 뒤 『삼국유사』를 세상에 알리기 위해 노력했어요. 그 시작은 『계명』이라는 잡지에 『삼국유사』를 싣는 일이었어요.

1927년 드디어 『계명』을 통해 『삼국유사』가 세상에 다시 알려지게 되었어요. 그 뒤 최남선은 『삼국유사』를 보급하는 일에 온 힘을 기울였고, 『삼국유사』는 그 가치를 인정받으며 『삼국사기』와 함께 현존하는 고대 최고의 역사책으로 평가를 받게 되었답니다.

5,000년의 역사를 가진 우수한 민족

『삼국유사』는 역사책이지만 다른 역사책들과는 구별되는 몇 가지 특징을 가지고 있어요.

가장 큰 특징은 이야기 중심의 구성이에요. 사실 기록에만 치중한 따분한 역사책들과는 달리 흥미로운 이야기를 중심으로 내용이 구성되었거든요.

『삼국유사』는 5권 9편목으로 구성되었는데, 그 속에는 이런 이야기들이 담겨 있어요.

제1권과 제2권에는 고조선과 삼한, 부여, 고구려, 신라, 백제, 후백제 등의 국가들이 생겨나고 사라진 역사와 함께 그 과정에 전해지는 신화와 전설 등을 기록하고 있어요.

제3권부터는 불교가 우리나라에 전래된 과정과 고승들의 이야기, 그리고 절과 탑, 불상의 유래 등 불교와 관련된 이야기들이 담겨 있지요.

일연은 이런 이야기들을 인물 중심으로 풀었어요. 그래서 역사적인 사실만을 순서대로 엮어 놓은 역사책들보다 훨씬 흥미롭게 읽히지요. 게다가 역사적인 현장을 직접 찾아가서 얻은 느낌이나 체험을 곁들였기 때문에 생생한 현장감을 전해 준답니다.

『삼국유사』에는 특별한 이야기가 몇 가지 담겨 있어요. 『삼국사기』에는 기록되지 않은 이야기들인데, 그 대표적인 것이 '고조선'의 역사예요.

아마 우리나라 사람이라면 누구나 어린 시절 단군 이야기를 들으며 인간이 된 곰을 상상해 본 경험이 있을 거예요.

단군 이야기는 환웅이 인간 세상을 다스리기 위해 무리 3,000명을 거느리고 신단수 아래로 내려오는 이야기로 시작되지요. 이때 곰 한 마리와 호랑이 한 마리가 사람이 되기를 원하자, 환웅은 쑥 한 다발과 마늘 스무 개를 주며 100일 동안 굴속에서 견디면 사람이 된다고 했어요. 호랑이는 견디지 못하고 굴을 빠져나갔지만, 곰은 잘 견디어 인간이 되어 환웅과 혼인하여 아들을 낳았다는 이야기지요.

참으로 흥미롭고 재미있는 이야기예요. 그런데 이 이야기 속에는 우리 민족의 역사가 고스란히 담겨 있답니다. 곰 처녀에게서 태어난 아들(단군왕검)은 훗날 조선이라는 나라를 세우는데, 이 나라가 바로 우리 역사에서 최초의 국가인 고조선이거든요. 단군 이야기는 우리

민족의 시조 신화인 거예요. 단군 이야기를 통해 우리 민족의 역사가 5,000년이나 되었다는 사실이 증명된 거지요.

만약 『삼국유사』라는 책이 최남선의 눈에 띄지 못한 채 잊혀져 버렸다면 어떻게 되었을까요? 아마도 단군 이야기와 함께 고조선이라는 나라는 우리의 역사 속에서 사라져 버렸을 거예요.

세상에는 숨겨진 2등이 아주 많아요. 1등에 가려져서 제대로 평가를 받지 못하는 것들이에요. 하지만 시간이 지나 새롭게 평가되면서 큰 주목을 받게 되는 것들이 있지요. 그 대표적인 것이 바로 『삼국유사』

예요. 우리 민족의 뿌리를 찾게 해 준 고마운 책!

『삼국유사』를 평가하는 작업은 아직도 계속되고 있어요. 학자들은 아직도 『삼국유사』 속에서 우리가 찾아내야 할 숨은 역사와 보물들이 많다고 하거든요.

최남선은 『삼국유사』의 가치를 이렇게 표현했답니다.

"삼국사기와 삼국유사 중에서 하나를 택하여야 될 경우를 가정한다면, 나는 서슴지 않고 후자를 택할 것이다."

삼국유사 [三國遺事]
고려 충렬왕 때의 보각국사였던 일연에 의해 쓰인 삼국의 역사책이에요. 편찬된 연대는 정확히 알 수 없지만, 1281년에서 1283년 사이에 편찬되었을 것으로 보고 있어요. 『삼국사기』와 더불어 현존하는 최고의 한국 고대 사적으로 평가받고 있지요.

특히 『삼국사기』에는 없는 고조선의 '단군 신화'를 기록했는데, 단군 신화를 통해 우리 민족은 반만년 역사를 내세울 수 있게 되었답니다. 게다가 신화와 설화는 물론 신라 향가 등의 문학 작품이 실려 있기 때문에 한국 고대 문학사의 중요한 자료로도 인정을 받고 있지요. '유사(遺事)'란 '예로부터 전하여 오는(사업의) 남은 자취'라는 뜻이에요.

삼국사기 [三國史記]
1145년(인종 23년)에 국왕의 명령을 받아 편찬된 역사서예요. 김부식의 주도 아래 10명의 학자들의 연구로 편찬되었지요.

영국 왕 조지 6세
형의 명성에 가려진 위대한 왕

조지 6세
(George VI, 1895년 12월 14일~1952년 2월 6일)

영국의 왕이에요.
에드워드 8세의 뒤를 이어 왕이 되었어요.
국제 친선에 힘을 기울인 왕으로 평가를 받고 있어요. 제2차 세계대전 당시에는 런던을 떠나지 않고 국민들과 함께한 책임감 강한 왕이었어요. 그 때문에 영국 국민들로부터 많은 신뢰와 사랑을 받았어요.
조지 6세가 죽자 첫째 딸이었던 엘리자베스 공주가 여왕이 되었지요.

'세기의 사랑'이라고 하면 사람들은 '영국 왕 에드워드 8세와 심슨 부인의 사랑'을 꼽아요.

영국 왕 에드워드 8세(윈저공)는 이혼녀인 심슨 부인과 결혼하기 위해 왕의 자리를 미련 없이 버렸거든요. 그 때문에 에드워드 8세는 '사랑을 위해 권력과 부를 버린 용감한 사람'의 상징이 되었고, 두 사람의 사랑은 '세기의 사랑'으로 주목을 받고 있어요.

그런데 바로 이런 에드워드 8세의 명성에 가려진 사람이 있어요. 에드워드 8세의 동생인 영국 왕 조지 6세지요.

조지 6세는 에드워드 8세가 버린 왕위를 자신의 뜻과는 상관없이 이어받아야만 했어요. 왕이 되기를 조금도 원하지 않았지만 어쩔 수가 없었지요.

과연 조지 6세는 어떤 왕이었을까요?

말더듬이 왕자

"어…… 어떻게 이…… 이런 일이!"

앨버트 왕자 앞에 기막힌 소식이 전해졌어요.

"왕자님, 형님께서 왕의 자리를 내놓으셨습니다. 이제 왕자님께서 새 왕이 되시는 겁니다."

왕이란 앨버트 왕자의 형인 윈저공, 즉 에드워드 8세예요. 에드워드 8세는 미국의 이혼녀인 심슨 부인과 사랑에 빠져 있었지요. 왕의 신분으로 이혼녀와는 결혼을 할 수 없게 되자 왕의 자리를 내놓아 버린 거예요.

앨버트 왕자는 믿을 수가 없었어요. 어린 시절부터 형은 왕이 되는 수업을 받아 왔지요. 잘생기고 활달한 성격의 형은 누가 보아도 훌륭한 왕의 재목이었어요. 반면 앨버트 왕자는 어린 시절부터 몸이 약했어요. 위염을 앓고 있었고, 말더듬이라는 치명적인 병을 갖고 있었지요. 그 때문에 왕이 되리라는 생각은 꿈에서도 해 보질 않았답니다.

영국의 국민들도 앨버트 왕자가 왕이 될 거라는 상상은 할 수 없었어요. 그가 말더듬이라는 사실은 이미 온 나라에 퍼진 소문이었으니까요.

"왕자가 말더듬이라니! 절대 왕이 될 순 없겠군."

"게다가 몸도 약하다며. 앨버트 왕자는 뭐든 형보다 못한 것 같아."

앨버트 왕자는 어린 시절부터 늘 형과 비교당해야 했고, 열등의식에 시달려야 했지요. 그 때문에 본인조차 왕이 될 거라는 상상은 하지를 않았던 거예요.

앨버트 왕자는 형의 마음을 돌려 보기로 했어요. 당장 에드워드 8세가 있는 곳으로 달려갔지요. 하지만 에드워드 8세는 단호했어요.

"사랑하는 여인의 도움 없이는 왕으로서의 의무를 다할 수 없어."

에드워드 8세는 그길로 궁궐을 떠나 심슨 부인이 기다리는 유럽으로 떠나 버렸어요. 앨버트 왕자는 할 말을 잃었어요. 그저 어리둥절한 표정으로 더듬거릴 뿐이었지요.

"이런 일은…… 있…… 있을 수가…… 없어요. 나에게 왕위가 넘어오는 것은…… 승…… 승낙할 수…… 없어요. 이런 일이 도대체…… 도대체……."

영국 왕실을 빛나게 한 최고의 왕

사람들 앞에 서는 것조차 꺼리는 말더듬이 왕자 앨버트! 그는 왕이 되기 위한 교육조차 받지 못한 채 단 3주간의 간단한 준비로 왕좌에 올라야 했어요. 그가 바로 조지 6세지요.

국민들은 조지 6세가 걱정스럽기만 했답니다. 말더듬이 왕이 제대로 국정을 돌볼 수 있을까, 의구심이 생긴 거예요.

하지만 조지 6세는 책임감이 강한 사람이었어요.

왕자 시절의 일이에요. 앨버트 왕자는 소심했지만 유난히 체육을 잘했다고 해요. 그래서 형인 윈저공과 함께 해군 사관학교에 입학을 했지요. 사람들은 윈저공은 잘 견뎌 내겠지만, 앨버트 왕자는 금세 그만둘 거라고 믿었어요. 하지만 예상은 반대였지요. 윈저공은 사관생도 상태에서 그만두었지만 앨버트 왕자는 모든 과정을 무사히 끝

마쳤어요. 그뿐 아니라 제1차 세계 대전 중에는 전투에도 참가할 정도로 용감했어요. 앨버트 왕자는 평소에는 조용하고 신중한 성격이었지만, 결단이 필요한 때는 그 누구보다 용감하고 책임감이 강한 사람이었던 거예요.

그의 이런 성격은 왕이 된 뒤에 비로소 빛을 발하기 시작했답니다.

당시 유럽에서는 독일의 히틀러가 위협적인 세력으로 떠오르고 있었어요. 독일은 전쟁 준비를 시작했고, 전 세계는 전쟁 위기에 놓이게 되었지요. 평화주의자였던 조지 6세는 전쟁이 일어나지 않기를 간절히 바라며 평화 정책을 펴 나갔어요.

하지만 조지 6세는 히틀러의 끝없는 욕망을 보며 곧 전쟁이 벌어질 거라는 사실을 깨달았어요. 그리고 전쟁으로부터 국민들을 구해내려면 평화가 아닌 다른 방법을 택해야 한다는 사실도 직감했지요. 조지 6세는 단호한 결단을 내렸어요. 지금까지의 평화 정책은 버리고, 1939년 6월에 미국을 방문해서 힘을 합할 방안을 마련했지요. 다시 영국으로 돌아온 조지 6세는 곧장 전쟁 준비를 시작했어요. 그리고 전쟁의 공포에 떠는 국민들을 위한 연설을 했답니다. 한마음으로 힘을 모아 위기를 극복하자는 내용을 담은 연설이었지요.

사실 이 연설은 아주 중요했어요. 왕의 연설을 듣고 국민들이 용기를 얻는다면 전쟁은 승리나 마찬가지였지요. 반대로 기운을 잃게 되면 전쟁은 시작도 해 보기 전에 지는 것이나 마찬가지니까요. 그런데

말더듬이 왕의 연설이라니! 연설이 시작되기도 전에 국민들과 관료들은 가슴을 졸여야만 했지요. 그런데 뜻밖의 일이 벌어졌어요. 조지 6세의 연설은 굉장히 훌륭했거든요. 말을 더듬기는커녕 아주 정확한 발음과 그 누구보다 힘찬 목소리였어요.

"우리 앞에 놓인 이 암울한 시간이 어쩌면 우리 역사에서 가장 중요한 시기가 될지도 모릅니다……."
이렇게 시작된 조지 6세의 연설은 모든 국민을 감동시켰어요.

사실 왕이 된 뒤 조지 6세는 말을 더듬는 버릇을 고치기 위해 피나는 훈련을 했어요. 국민 앞에 당당한 왕으로 서기 위해서였지요. 그리고 결국 결정적인 순간에 가장 멋진 연설을 해낸 거예요.

연설이 끝나자마자 우레와 같은 박수가 터졌어요. 그 박수는 말더듬이라는 치명적인 문제를 극복해 낸 조지 6세의 노력과 열정에 대한 갈채였지요.

조지 6세의 연설로 똘똘 뭉친 영국 국민들은 전쟁 기간 내내 한마음으로 잘 버틸 수 있었어요.

국민들을 감동시킨 것은 그뿐이 아니었어요. 조지 6세는 당시 포탄이 떨어지는 가운데에서도 런던을 떠나지 않았어요. 오히려 왕비와 함께 궁궐을 지키며 굶주린 국민들을 돌보는 일에 힘을 더욱 기울였지요.

게다가 목숨마저 위태로울 수 있는 군사단이나 병기 제조 공장을 수시로 방문하며 군사들의 사기를 높였어요. 결국 전쟁은 독일의 항복으로 끝나게 되었지요.

사실 당시 영국 왕실은 에드워드 8세 때문에 위기에 놓여 있었어요. 무책임하게 왕위를 버리고 사랑을 찾아 떠난 에드워드 8세의 행동은 백성들을 화나게 만들었고, 왕실을 없애야 한다는 의견까지 나왔거든요. 하지만 전쟁에서 보여 준 조지 6세의 용기와 책임감은 국민들의 마음을 바꾸어 놓았어요. 국민들은 위기에서도 자신들을 떠나지 않고 나라를 지켜 준 조지 6세를 통해 오히려 왕실을 자랑스러워하게 되었지요.

말더듬이 왕에서 믿음직스런 왕으로 거듭난 조지 6세! 만약 조지 6세가 계속 열등감에 시달렸다면 어떤 왕이 되었을까요? 아마도 '말더듬이 왕'으로만 기억되었겠지요. 그리고 사람들은 형인 에드워드 8세가 계속 왕을 했어야 한다며 투덜거렸을 거예요.

조지 6세는 태어날 때부터 뛰어난 사람은 없다는 사실을 행동으로 보여 준 사람이에요. 그는 왕이 된 그날부터 평생을 노력했어요. 말더듬이라는 치명적인 병을 노력으로 극복했을 뿐만 아니라 소심한 성격을 오히려 신중하고 책임감 강한 성격이라는 장점으로 만들었지요.

하지만 그런 일들은 결코 쉬운 것이 아니었나 봐요. 왕이라는 책임감과 스트레스에 시달리던 조지 6세는 젊은 나이에 건강을 잃고 말

앉지요. 전쟁 뒤에 급속히 건강이 나빠진 조지 6세는 결국 쉰여섯 살이라는 나이에 세상을 떠나고 말았어요.

에드워드 8세 (1894년 6월 23일~1972년 5월 28일)
조지 5세의 맏아들로, 윈저공(Duke of Windsor)으로 불려요.
황태자 시절에 세계 각지를 여행하여 상하 각층의 사람들과 널리 사귈 정도로 활달한 성격을 가지고 있었어요. 국민들로부터도 신망이 두터웠지요.
하지만 미국 출신의 이혼녀 심슨 부인과 사랑에 빠지면서 1936년 12월 심슨 부인과 결혼하기 위해 국왕의 자리를 버렸어요.

힐러리일까,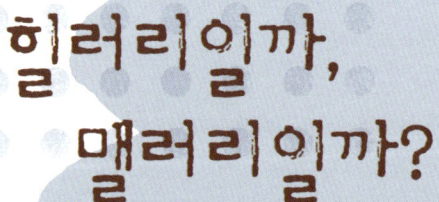
맬러리일까?

영원한 미스터리로 남은 세계 최초 에베레스트 등반 산악인

조지 맬러리
(George Herbert Leigh Mallory, 1886년~1924년)

영국의 등산가로, 1921년 제1차 에베레스트 등반대원으로 선발되었어요.
1924년 6월 8일 동료인 앤드루 코민 어빈과 함께 에베레스트 정상을 향해 출발했지만, 두 사람 모두 실종되었어요.

세계에서 가장 높은 산으로 알려진 에베레스트!

많은 산악인들은 세계 최고봉인 에베레스트에 오르기 위해 목숨을 걸었고, 에베레스트 탐험이라는 영광스런 결과를 이루어 내거나 아쉽게 실패했어요. 때로는 목숨을 잃는 산악인도 있었지요.

세계 최초로 에베레스트 등반에 성공한 산악인은 에드먼드 힐러리로 기록되고 있어요. 1953년 5월 29일 에베레스트에 올라 '최초의 에베레스트 등반 산악인'이 되었지요.

그런데 이 기록에는 한 가지 풀리지 않는 미스터리가 있답니다. 어쩌면 1924년 6월 8일에 에베레스트에 오른 조지 맬러리와 앤드루 어빈이 에드먼드 힐러리보다 먼저 에베레스트 등반에 성공한 산악인일 수도 있다는 의견이 제시되었거든요. 그렇다면 에드먼드 힐러리는 두 번째로 에베레스트 등반에 성공한 산악인이 되는 거지요.

에베레스트 최초 등반을 둘러싼 풀리지 않는 미스터리!
과연 그 진실은 무엇일까요?

"산이 거기 있으니까요."

1924년 영국은 두 명의 산악인에 대한 기대로 들썩거렸어요.

"맬러리와 어빈이 성공하면 우리 영국이 최초의 에베레스트 등반 성공국이 되는 거야."

"이야! 꼭 성공해야 할 텐데!"

세계에서 제일 높은 산인 에베레스트! 영국 산악인인 맬러리와 어빈이 에베레스트 정복을 눈앞에 두고 있었거든요.

1924년 6월 8일 아침 영국 국민들의 응원에 대답이라도 하는 듯 맬러리와 어빈은 에베레스트를 향해 활기찬 발걸음을 내딛었어요. 해발 8,170미터 지점에서 2인용 텐트로 추운 밤을 보낸 다음 날이었답니다.

그들의 에베레스트 등반은 순조로울 듯 보였어요. 맬러리와 어빈은 정상을 240미터 앞둔 지점까지 올라갔으니까요. 어룽어룽한 구름 속으로 사라지는 두 사람의 모습은 다른 산악인들에게도 목격되었고, 모두가 두 사람의 성공을 장담했지요.

"드디어 인간이 에베레스트 정상을 정복하게 되었군!"

하지만 그것이 두 사람의 마지막 모습이 되고 말았어요. 그들은 영원히 산에서 내려오지 못했거든요. 에베레스트에서 실종되고 만 거예요.

정상을 불과 200미터 남기고 벌어진 안타까운 사고였지요.

맬러리와 어빈의 소식은 곧 세계 각국으로 전해졌어요. 영국 국민들의 실망과 안타까움은 이만저만이 아니었지요.

특히 맬러리는 누구보다 믿음이 가는 산악인이었기 때문에 국민들의 안타까움은 더욱 컸어요.

산에 오르기 전 맬러리는 신문 기자로부터 이런 질문을 받았어요.

"당신은 왜 산에 오르는 겁니까?"

맬러리는 이렇게 대답했어요.

"산이 거기 있으니까요(Because it is there.)."

 맬러리의 사고 소식이 전해지자, 이 말은 사람들 사이로 옮겨지면서 세계인의 명언으로 자리 잡았어요. 더불어 맬러리는 에베레스트를 등정하기 위해 끊임없이 도전하다가 희생된 영웅이자 전설이 되었답니다.

맬러리와 어빈은 성공했을까, 실패했을까?

구름 속으로 사라져 버린 조지 맬러리와 어빈의 이야기는 산악계의 풀리지 않는 미스터리로 남았어요.

1999년 조지 맬러리의 시신이 에베레스트 북릉 8,160미터 지점에서 실종 75년 만에 발견되었는데, 맬러리와 어빈의 카메라가 발견되지 않았기 때문이지요.

산을 등반할 때 산악인들은 꼭 카메라를 가지고 간답니다. 정상에 오르면 카메라로 사진을 찍어서 자신이 등반에 성공했다는 증거를 남겨야 하거든요.

사실 맬러리와 어빈의 사고는 정확한 시간이 알려지지 않고 있었어요. 두 사람이 산에 오르던 도중 사고를 당한 것인지, 아니면 등반에 성공한 뒤에 하산하다가 사고를 당한 것인지가 확인되지 않았으니까요. 그러니까 카메라를 찾아 그 사진들만 확인한다면 정확한 사고 시간을 알 수 있게 되는 거지요. 만약 카메라 속에 에베레스트 정상의 사진이 담겨 있다면 두 사람은 하산 도중 실종된 사실이 증명되는 거예요. 그러면 두 사람은 최초로 에베레스트 등반에 성공한 산악인이 되는 거랍니다.

"과연 맬러리와 어빈은 에베레스트 정복에 성공했던 걸까?"

조지 맬러리의 시신이 발견되었다는 소식에 사람들은 카메라가 두 사람의 진실을 알려 줄 거라는 기대로 들떴어요.

하지만 사람들의 기대는 아쉬움으로 바뀌고 말았어요. 맬러리와 어빈의 카메라는 어디서도 찾을 수 없었거든요. 두 사람의 진실은 다시 구름 속에 덮여 버린 거예요.

그렇다면 '에베레스트 정복'이라는 꿈을 꾸기 시작한 영국인들의 바람은 언제 이뤄졌을까요? 영국 정부는 맬러리의 실패 뒤에도 막대한 자금력을 동원해서 산악에 필요한 장비를 준비하고 계획해서 새로운 산악 팀을 만들었지요. 여러 번의 실패가 있었지만 영국 팀의 도전 의지는 꺾이지 않았어요.

결국 30년 뒤인 1953년 5월 29일 11시 30분, 최초로 인간이 에베레스트 등정에 성공했다는 소식이 전 세계로 전해졌어요.

당시 영국 등산 팀은 여러 조로 나뉘어 등반을 했는데, 등정에 성공한 조는 에드먼드 힐러리의 조였어요. 에드먼드 힐러리는 뉴질랜

드 출신의 산악인이었지만, 영국 팀으로 산에 올랐기 때문에 최초로 에베레스트 등정에 성공한 나라는 영국으로 기록되었답니다. 맬러리라는 산악인에게 에베레스트 정복이란 꿈을 실어 보낸 뒤 30년 만의 성공이었어요.

그런데 에베레스트 최초 등반가라는 기록은 또다시 분쟁에 휩싸이게 되었어요.

'최초의 에베레스트 등반 산악인은 뉴질랜드 출신의 영국 팀 산악인 에드먼드 힐러리다.' 라는 기록에 의문을 제기하는 주장이 등장했거든요.

'최초의 에베레스트 등반 산악인은 힐러리가 아니다. 텐징 노르게이다.'

당시 힐러리는 셰르파인 텐징 노르게이와 함께 정상에 올랐는데, 텐징 노르게이가 먼저 정상에 올라갔다는 주장이 나온 거예요. 셰르파란 등산대의 짐을 나르면서 등산대의 길을 안내하는 사람이지요. 그러니까 보통은 산악인을 보조할 뿐 기록에 도전하지는 않는답니다. 그런데 셰르파인 노르게이가 힐러리보다 먼저 정상에 올랐다니! 소식을 들은 사람들은 두 사람 사이에 무언가 큰 비밀이 있을 거라는 추측을 하게 되었지요.

하지만 이 분쟁 또한 구름 속에 덮여 버린 맬러리와 어빈의 진실처럼 영원히 풀 수 없는 수수께끼로 남았어요.

분쟁이 가열되자 힐러리와 텐징 노르게이는 약속이라도 한 듯이 '누가 먼저 올라갔는가?'라는 질문에 이렇게 대답했어요.

"우리는 함께 올랐다! 그런 질문은 무의미하다!"

하지만 텐징 노르게이가 죽고 나자 에드먼드 힐러리는 말을 고쳤답니다.

"내가 그보다 삼 미터 더 높이 올랐었다."

하지만 텐징 노르게이가 죽고 말았으니 증명할 방법은 사라지고 만 거지요.

과연 에베레스트를 둘러싼 진실은 무엇일까요? 아마도 그 진실은 에베레스트만이 알고 있겠지요.

마치 비밀이라도 지키려는 듯 침묵하고 있는 얼음 산 에베레스트! 어쩌면 에베레스트는 침묵으로 사람들에게 무언가를 이야기하고 있는 것인지도 몰라요.

누가 1등을 했건, 또 누가 2등이 되었건 그것이 왜 그렇게 중요한 것이냐고, 그런 것은 하나도 중요하지 않다고. 정말 중요한 것은 누군가 이루고 싶은 간절한 꿈이 있었고, 그 꿈을 이루려고 목숨을 걸고 노력했다는 사실, 바로 그것이라고. 그리고 그 꿈과 노력만은 모두 1등이라고……

에베레스트 또한 2등이 될 수 있다!

수많은 의문을 품고 있는 산 에베레스트! 그런데 에베레스트가 '세상에서 최고로 높은 산'이라는 사실에도 의문이 제기된다는 것을 알고 있나요?

에베레스트는 히말라야 정상에 있는 봉우리로, 세계에서 가장 높은 산으로 인정받고 있어요. 네팔과 티베트 사이에 위치한 에베레스트는 높이가 무려 8,848미터나 된답니다. 이 거대한 봉우리는 티베트에서 예부터 '초모룽마'라고 불렸어요. '세계의 어머니 신'이라는 뜻이지요.

그런데 에베레스트가 세계 최고봉으로 채택된 것은 해수면을 기준으로 삼았기 때문이라고 해요. 만일 지구의 중심부를 기준으로 측정한다면 기록은 달라진답니다. 그럴 경우 적도 인근인 에콰도르의 침보라소가 최고봉이 된다고 해요. 기준을 어디에 두느냐에 따라 우리가 알고 있던 진실이 바뀔 수도 있는 거예요.

에드먼드 힐러리 (1919년~2008년)

뉴질랜드의 등산가예요. 1953년 5월 29일 에베레스트에 올라 '최초의 에베레스트 등반 산악인'이 되었지요.

뉴질랜드의 남극 횡단 원정대에서도 활약하며 20세기의 가장 위대한 탐험가 중의 한 사람으로 선정되었어요.

저서로는 『대모험(High Adventure)』, 『실수는 허용되지 않는다(No Lautitude for Error)』 등이 있어요.

참고문헌

『과학인물사전』 김진규, 흰돌, 2009
『그래도 후회는 없다』 피터 퍼스트브룩, 지호, 2004
『도쿠가와가 사랑한 책』 고운기, 현암사, 2009
『두려움과 맞선 용기 있는 탐험가』 프랜시스 루니, 꼬마이실, 2009
『리제 마이트너』 샤를로테 케르너, 양문, 2009
『멘델스존, 그 삶과 음악』 닐 웬본, 포토넷, 2010
『모차르트와 함께 떠나는 클래식 유럽여행』 박휘성, 이론과 실천, 2010
『발명을 품은 아이-에디슨』 이향안, 깊은책속옹달샘, 2006
『불멸의 이순신』 김탁환, 황금가지, 2004
『불패의 리더-이순신』 이향안, 깊은책속옹달샘, 2008
『사랑에 미치다』 케리쿡·메간그레소, 북스캔, 2005
『사랑을 작곡한 마에스트로』 이지영, 돋을새김, 2010
『삼국유사 글쓰기 감각』 고운기, 현암사, 2010
『삼국유사』 김원중, 을유문화사, 2002
『세계를 변화시킨 12명의 과학자』 스티브 파커, 상상스쿨, 2009

『세상을 바꾼 과학사 명장면 40』 공하린, 살림Friends, 2009

『손기정 남승룡 가슴의 일장기를 지우다』 최인진, 신구문화사, 2006

『에베레스트-도전과 정복의 역사』 김법모, 살림, 2007

『역사가 기억하는 세계 100대 과학』 양허, 꾸벅, 2010

『역사를 바꾼 운명적인 만남-세계편』 에드윈 무어, 미래인, 2010

『우리가 정말 알아야 할 삼국유사』 고운기, 현암사, 2006

『원사웅』 장주식, 문학동네, 2010

『위대한 마라톤 영웅 손기정』 주경희, 주니어랜덤, 2007

『이야기 영국사』 김현수, 청아출판사, 2006

『임진왜란, 잘못 알려진 상식 깨부수기』 도현신, 역사넷, 2008

『조윤범의 파워클래식』 조윤범, 살림, 2009

『지식 e 6』 EBS 지식채널-e, 북하우스, 2012

『클래식 수첩』 김성현, 아트북스, 2009

『프랑스 1940』 알란 셰퍼드, 플래닛미디어, 2006

『Q&A 과학사』 곽영직, 살림, 2010